HOME PARTY

料理と器と季節の演出

江川晴子
PARTY DESIGN 代表

Prologue

ケータリングビジネスを始めて18年。
この間に、スタッフとして働いてくれた人たちはもちろん、仕事を手伝ってくれたそれぞれの専門家である業者さん、そして温かくも厳しい目でみてくださったクライアントのみなさん……たくさんの方々から、食材、料理、お酒、食器のこと、ディスプレイ、現場のレイアウト、照明、音響、サービスまで、数多くのことを教えていただきました。
失敗と工夫を積み重ねて、今の「PARTY DESIGN」があります。

教えていただいたすべてのことは、ホームパーティを開く時に、また、普段の食事の準備にも役立つことばかりであることに気づきました。

パーティテーブルに必要なものは"サプライズ"。
手持ちのアイテムを最大限に生かし、魅せるテーブルの作り方、遊び方をこの本でお伝えします。
豪華な食器や贅沢な食材だけが"おもてなし"ではありません。
創意と工夫でオリジナリティ溢れるパーティを作るコツは、きっと普段の暮らしを楽しくするヒントにもなると思います。

そんなコンセプトを掲げて「PARTY SEMINAR」を始めて3年。
想像以上に多くの方に通っていただき、今に至るまで続いていることに驚いています。

肩の力を抜いて、気軽にパーティを開いてください。
掃除、買い物、料理……上手に手抜きをすることをおすすめします。
ただ、テーブルやお料理の見せ方には少しこだわってほしい。
料理がおいしそうに見えて気分が上がることは、パーティでは大事な導入ですから。

このようなことを考えながら、カメラマンの松川真介さん、企画編集・ライティングの博多玲子さんと、一緒に、見て楽しく、読んで役に立つ本を目指しました。
全128ページに、ケータリングの現場から学んだノウハウをぎっしり詰め込みました。
この本が、みなさまのお役に立つことを願っています。

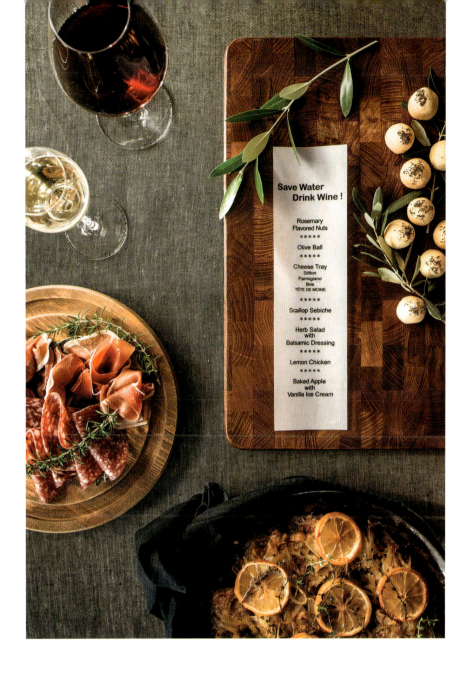

Profile

江川晴子（えがわはるこ）

PARTY DESIGN代表。結婚式、企業のパーティなどのケータリングの仕事を始めて18年。そこで学んだことは、ホームパーティをする時にも役立つことがわかり、パーティセミナーを開催することに……。この本では、ホームパーティをする時の「魅せるテーブル」の作り方を提案。簡単でおいしい料理のレシピ、テーブルセッティングに使うリネンや食器など、役に立つ情報を今回始めて公開！

Contents

Prologue ……2

パーティを成功させる7つのキーワード ……6

実例I【ビュッフェスタイル】
Spanish Bar ……8
スパニッシュ バル

パプリカのマリネ／たこのガルシア風／
じゃがいも入りトルティージャ ……14
わかさぎのフライ／パン・コン・トマテ／コロッケ ……15
簡単パエリア風ごはん ……16
Table Setting インパクトは黒い食器で作る ……18

実例II【着席スタイル】
折敷で遊ぶ ……20

たこ、きゅうり、わかめの酢の物／
たまねぎサラダ 胡麻ドレッシング ……24
鶏のささみと野菜のだし和え／冬瓜と蟹のお椀 ……25
久在屋さんのすっぴんやっこと
　油揚げとししとう焼き ……26
雑穀ご飯／酢どり生姜／ちりめん山椒／
村田商店のあんみつ ……27
TableSetting
多種多様の皿を折敷にまとめて ……28

PARTY DESIGN ARCHIVE ……30

Seasonal Tables 季節のテーブル ……33

春【ビュッフェスタイル】
Beauty Brunch ……34
ビューティ ブランチ

グリルドシュリンプとアジアンヌードル／
キヌア＆ケールサラダ ……38
季節の野菜とキャロットジンジャードレッシング／
アボカドビーンズ＆ガーリックバゲット ……40
キャロットマフィン ……41
Table Setting
持ち寄りパーティはシンプルな食器を ……42

春【着席スタイル】
Open "WECK" ……44
オープン "WECK"

ヴァージン・モヒート／
紫キャベツのピクルス ……48
自家製ドライトマト／
野菜のクリュディテ グリーンゴデスディップ ……49
グラブラックス＆ディルソース ……50
クラシックシーザーサラダ ……51
Table Setting "WECK"が主役のテーブル ……54

夏【着席スタイル】
Summer Breakfast ……56
サマー ブレックファスト

クラシックパンケーキ
ストロベリーバター、ラズベリーバター、
アプリコットバター ……60
ガスパチョ ……64
チキンローフと紫オニオンケチャップ／
ホームメイドポテトチップス ……65
Table Setting 白い食器を集めて ……66

夏【ビュッフェスタイル】
Custom-made Wedding Party …… 68
手作りウェディング

ブルーポピーシードのウェディングケーキ …… 72
ジェノベーゼパスタサラダ／
3種のチーズのブルスケッタ …… 74
ペーパーコルネに入れたベリー／
トルティーヤサンドイッチ
　　ペッパーハム＆サーモン …… 75

秋【ビュッフェスタイル】
Save Water Drink Wine！ …… 76
ワインに溺れる

シャルキュトリー／チーズの盛り合わせ
ローズマリー・フレイバード・ナッツ／
オリーブボール …… 80
レモンチキン …… 82
帆立のセビーチェ／
ハーブサラダ バルサミコドレッシング …… 83
ベイクドアップルとバニラアイスクリーム …… 84
ワインのセレクト …… 85
Table Setting ナチュラルなテイストで …… 86

秋【着席スタイル】
秋の日本酒を楽しむ夕べ …… 88

ヴェジチップス／塩炒り銀杏／焼き栗／竹炭豆
焼き物各種 …… 92
焼き大福／若廣の焼き鯖寿司 …… 93
Table Setting 艶ありの和食器を使う …… 94
好きな日本酒 …… 95

冬【ビュッフェスタイル】
Christmas Marché …… 96
クリスマス・マルシェ

柿といちじく、クレソンのサラダ／
クイックフォアグラムースのブルスケッタ …… 100
ヴァンショー／スパイシーショコラショー／
ブレッドプディング …… 104
キャラメルウィスキーソース／ルグラ／
チョコレートクリスピー …… 105
ローストチキン ガーリックピラフ詰め …… 106
Table Setting 食器ではないアイテムを使う …… 108

冬【着席スタイル】
Happy Trigger …… 110
新年を祝うハッピー・トリガー

あまおうのストロベリー・カクテル …… 114
紅芯大根と蟹サラダのディップ …… 115
ビーツとりんごのサラダ …… 116
焼きトレビスとラムラック／
メレンゲのパヴロヴァ …… 117
Table Setting
花、ナプキン、小物使いのテクニック …… 118
Party Scene from PARTY SEMINAR …… 120

あると便利な小物 …… 122
メニューはパターン化するとラク
Wine or Sake？ …… 124
PARTY DIARYの使い方 …… 126

パーティを成功させる7つのキーワード

1 テーブルの第一印象を大事に

パーティは最初が肝心。部屋に入った時に
思わず歓声が上がるインパクトのあるテーブル作りを心がけましょう。
テーブルの色みを絞り、花、キャンドル、メニューカードなどの
テーブルアクセサリーを意味なく置かないように。

2 パーティにテーマとサプライズを

パーティは、テーマを設けることで盛り上がります。
非日常感を味わえるテーマで、カクテルに凝ったり、
食器でないものをお皿代わりにしてみたりと工夫しましょう。
また、フードの取り合わせやサイズ感、温度を変えるなど、
何かひとつサプライズを盛り込むことも大切です。

3 季節を意識する

季節感は、テーブルウェアなどの色や花、食材で表現できます。
暑い時には涼しげな、寒い時には温かみのあるテーブルを用意するのが
一番のおもてなしです。

4 メニューとセッティングをパターン化する

ワインを飲むならこんなメニューでこの器。
日本酒ならこれ、といくつかパターンを決めておくことも大事です。
マイパターンがあるからこそ、準備時間がない時でも気軽にお誘いができるというもの。
労力と時間の節約にもなるのでおもてなしに余裕が生まれます。

5 細部にこだわる

ソースに添える小さなスプーン、取り箸、ピッチャーなど、
小物にまで気を使いたい。
細部にまで気を使った美しい盛りつけは、
料理をさらにおいしくしてくれます。

6 パーティ・ダイアリーを活用する

パーティ上手になるには数を重ねること。
パーティ・ダイアリーに記録を残し、
「気づき」を次に生かしましょう。

7 頑張りすぎない

肩の力を抜いたおもてなしが心地よいのです。
自分も楽しみたいから、
料理もサービスも頑張りすぎないこと。
高価すぎるグラスや食器は、
リラックスできない一因になることも……。
気をはってしまうゲストは呼ばない。
これはホームパーティの基本です。

実例 I

ビュッフェスタイル

Spanish Bar
「スパニッシュ バル」

パーティにテーマを！
ただのお食事会もよいけれど、ホームパーティは
テーマを設けたらもっと楽しくなります。
お花見、夏祭り、旬のさんまを焼く、クリスマス……、
季節にそったイベントをテーマにしても楽しいし、沖縄とか京都とか、
旅行した土地をテーマにメニューやテーブルを作ってみるのもおすすめです。

Spanish Bar

Theme
スパニッシュ バル

テーマがフレンチやイタリアンでは身近すぎて驚きが少ないけれど、スパニッシュなら、シェリー酒、イベリコハム、オリーブ、マンチェゴチーズなど買えるものも多いし、いわし、たまご、じゃがいも、トマトなど日本でもおなじみの素材を使った料理が多いので気負わずにスパニッシュテーブルが作れます。

Menu

ハム類の盛り合わせ
パプリカのマリネ
たこのガルシア風
じゃがいも入りトルティージャ
わかさぎのフライ
パン・コン・トマテ
コロッケ
簡単パエリア風ごはん
アニス風味のお菓子（市販品）

特別なスパニッシュ料理の作り方を知らなくても、簡単な料理をそれ風に並べることでテーマは伝わります。いつものコロッケを小さめに作ってバルピックを刺すなど、スペインらしさを出すためには、小物の用意も大事。ワインはもちろん、スペイン産のミネラルウォーター、スモークの香りが強いパプリカパウダーや TORTA DE ACEITE というアニス風味のお菓子など。未知のスパイスや食べたことのないお菓子にはみな興味をもつし、いかにもそれらしいラベルやパッケージは雰囲気作りに役立ちます。

Time Schedule

＜前日までに＞
食器、カトラリー、スリッパを揃える
掃除、買い物をすませる
パプリカのマリネを作る
コロッケを成形しておく
パエリア用のパプリカを切り、米を計量しておく
飲み物を冷やす

＜当日＞
じゃがいも入りトルティージャを焼く
パエリアを作っておく
たこのガルシア風をオーブンに入れる
パン・コン・トマテのバゲットをトーストして
トマトはカットしておく
コロッケを揚げる

＜直前＞
すべての料理をお皿へ
わかさぎを揚げる

Spanish Bar

Tapas

パプリカのマリネ
マリネしたパプリカは旨みと甘みが出て美味。赤と黄色の2色でにぎやかに。

わかさぎのフライ
頭から骨ごといただけるわかさぎは軽くて食べやすい。

じゃがいも入りトルティージャ
鍋ごとオーブンで焼いて、中はしっとり、外側はカリッと仕上げたい。

パン・コン・トマテ
完熟したトマトとおいしいバゲットとオリーブオイル、塩さえあれば。

オーブンでじっくり火を入れると、とてもやわらかく仕上がる。

たこのガルシア風

コロッケ
普段のコロッケを一口サイズで作るとバル風の一品に。
バルピックもお忘れなく。

仕上げにスモークパプリカパウダーをふると一気にスパニッシュに変わる。

ハム類の盛り合わせ
ハモンイベリコやサラミなどとオリーブは、スパニッシュ バルの
マストアイテム。

Spanish Bar

パプリカのマリネ

パプリカの自然の甘みを生かした
シンプルレシピ。
コツは焼いたパプリカを水っぽくしないこと。
そのために皮をむくときは水を使わず、
蒸らして皮をむきやすくすることがポイント。
しっかり冷やして出します。

たこのガルシア風

たこはでき上がると、びっくりするくらい
やわらかくなりますが、啞然とするほど
縮んでしまいます。
なので、最初にたこを小さめに
カットしてしまうと残念な結果に。
一口で食べるにはちょっと大きいくらいの
3.5〜4cmくらいのサイズを目安に
カットします。

じゃがいも入りトルティージャ

これこそ鉄鍋、LODGEの
威力を感じる一品。
火の回りがよいので、
オーブンに入れておくだけで、
外側はカリッと、内側はしっとりの
トルティージャができ上がります。

■材料 6〜7人分
パプリカ赤 —— 4個
パプリカ黄色 —— 2個
A｜バルサミコ酢 —— 大さじ1
　｜オリーブオイル —— 大さじ2
　｜メープルシロップ —— 小さじ1弱
塩・こしょう —— 各少々

■作り方
1 パプリカは洗い、網で表面が真っ黒になるまで焼く。焼き上がった熱々のパプリカをボウルに入れ、ラップをしてしばらくおく。そうすることで皮がはがれやすくなるので、皮をむいて種と内側の白い部分を取り除き、1.5cm幅に縦にカットする。
2 密封容器にキッチンペーパーを敷き、その上に1をのせパプリカの水分をしっかりとる。このまま冷蔵庫で一晩おいてもよい。
3 パプリカの水気がとれたら、Aで和え、塩・こしょうで味を調え、1時間以上冷蔵庫に入れてなじませる。

■材料 6〜7人分
たこ —— 2パック（550〜600g）》大きめのぶつ切りにしておく
にんにく —— 2片 》つぶす
唐辛子 —— 2本 》1/2に切って種を取る
オリーブオイル —— 鍋の中でたこがかぶるくらいの量
塩 —— 小さじ1/2弱
スモークパプリカパウダー —— 少々
（仕上げ用）

■作り方
1 φ20cmのLODGE（ロッジ）鍋（オーブンに入れられる蓋のついた鉄鍋）にオリーブオイルを入れて中火にかけ、にんにく、唐辛子を入れ、香りがしてきたらにんにくと唐辛子を取り出す。
2 1に、たこと塩を加え、蓋をして180℃のオーブンで、時々様子をみながら約30分、たこがやわらかくなるまで煮る。
3 仕上げにスモークパプリカパウダーをふって、鍋ごと食卓へ。

■材料 φ20cmのLODGE鍋1台分
卵 —— 6個
じゃがいも —— 5〜6個 》縦半分に切って、2mm厚さにスライス
たまねぎ —— 1/4個 》みじん切り
塩・こしょう・オリーブオイル —— 各適量

■作り方
1 じゃがいもを少し多めのオリーブオイルでうっすら焼き色がつくまで焼き、塩・こしょうする。
2 ボウルに卵を割りほぐし、たまねぎを入れて1に流し入れる。
3 全体にオリーブオイルを塗ったLODGE鍋（オーブンに入れられる蓋のついた鉄鍋）に2を流し入れ、200℃のオーブンで20〜25分焼く。

わかさぎのフライ

スペインでは、小ぶりのいわしを
フリットにしたものがポピュラーのようです。
いわしを三枚におろして同様に
フリットにすれば、もちろんおいしいけれど、
今回は下処理の手間を省いて、そのまま
揚げられるわかさぎを使います。

パン・コン・トマテ

見た目はいまひとつおしゃれではないけれど、
おいしいトマトがあればぜひお試しを。
本来は、各人それぞれが作って食べる、
料理とはいえないようなもの。
これ、作りたてのクリスピーなのも、
作ってから少し時間をおいて
クタッとなってしまったのもおいしい。
スペインの家庭では、トーストした
バゲット、トマト、塩・こしょう、
オリーブオイルをドーンとテーブルにおいて、
好きに食べる朝食スタイルがポピュラーだとか。

コロッケ

普通のコロッケだけど、
ピンチョスとしてバルピックで刺して食べたい
ので、小さく作るのがポイント。
作り方はおうちのコロッケレシピでOK。
見た目を変えれば
スパニッシュになるという好例です。
ひき肉を、炒めたパンチェッタに替えれば
よりスパニッシュ味になります。

■材料 6〜7人分
わかさぎ —— 約20匹
強力粉 —— 適量
塩・こしょう —— 各適量
レモン —— 1個
オリーブオイル（揚げ油用）—— 適量

■作り方
1 わかさぎは洗って、水気をよく拭き、強力粉をたっぷりまぶす。
2 オリーブオイルを中温に熱し、わかさぎの余分な粉を落としてから鍋に入れる。
3 カラリと揚げ、揚げたてに塩・こしょうを軽くふる。
4 皿に盛り、レモンのくし形切りを添える。

■材料 6〜7人分
完熟のトマト 3個
バゲット —— 1本
塩・こしょう —— 適量
EXヴァージンオリーブオイル
　—— 適量
にんにく —— 好みで

■作り方
1 バゲットは、両手の親指で割るように裂き、軽くトーストする（パンの断面がゴツゴツしていたほうがよい）。
2 適当にカットしたトマトをバゲットの切り口にこすりつけるようにのせる。
3 塩・こしょう、オリーブオイルをかけて食べる。
●好みで、最初ににんにくの切り口をバゲットにこすりつけて香りを移しても美味。

■材料 5.5cm俵形 25個分
A｜たまねぎ 80g》みじん切り
　｜にんにく 10g》みじん切り
　｜豚ひき肉 80g
オリーブオイル —— 大さじ1
B｜じゃがいも》ゆでてつぶしたもの
　｜ —— 250g
バター —— 5g
塩・こしょう —— 適量
薄力粉、溶き卵、パン粉 —— 適量
スモークパプリカパウダー —— 少々
オリーブオイル（揚げ油用）—— 適量

■作り方
1 Aをオリーブオイル大さじ1で炒めて、冷ましておく。
2 Bに1を加え、バターを入れ、塩・こしょうで味を調える。
3 1個あたり15gの俵形に成形し、薄力粉、溶き卵、パン粉の順で衣をつける。180℃（中温）に熱したオリーブオイルに入れて揚げる。好みでスモークパプリカパウダーをふる。

Spanish Bar

簡単パエリア風ごはん

本格的なパエリアをパーティの最中に熱々で出すには、段取りをきちんとしておき、
タイミングをみてキッチンで火加減を調整して仕上げなければなりません。
乾杯の後だから自分もワインなど飲んでいるうえ、神経を使ってメイン料理を作るのは、結構気を使うもの。
本格的なパエリアだって、もちろん作れますが、
忙しい時には、炊飯器におまかせっていうこのレシピは本当に気が楽！ ぜひ作ってみてください。

■材料 6〜7人分
米 —— 300cc
押し麦 —— 100cc » 米と押し麦は一緒に洗い、水を切っておく
たこ —— 200〜250g » 3cmくらいにカットしておく
海老（ブラックタイガー）—— 8尾 » 背ワタを取り、殻はつけたまま水気をふいておく
黒オリーブ（種なし）—— 14粒 » 縦半分にカットしておく
パプリカ赤 —— 1個 » 1.2cm角くらいにカットしておく
たまねぎ —— 80g » みじん切り
にんにく —— 小1片 » みじん切り
ターメリック —— 小さじ1・1/2
サフラン —— ひとつまみ
白ワイン —— 大さじ3
トマトピューレ —— 大さじ1
チキンスープ（市販のスープキューブ2個を利用）—— 400cc
塩 —— 小さじ1/2強
こしょう —— 少々

サラミ —— 8枚
パセリ —— 適量 » みじん切り
サラダオイル —— 適量

■作り方
1 フライパンにサラダオイルを熱し、たまねぎとにんにくを炒め、ターメリックとサフランを加え、よい香りがしてきたら、海老とたこ、トマトピューレを入れ、白ワインを入れて蓋をして蒸し煮にする。海老とたこに火が通ったら、火を止め海老とたこは取り出し、パプリカ、オリーブを加え、さっとからめる。

2 水気を切った米＋押し麦にチキンスープを加え、海老、たこ以外の1を加え、塩、こしょうを加えてひと混ぜし、炊飯器で普通に炊く。炊きあがったら、取り出しておいた海老とたこを炊飯器に入れ蓋をして10分蒸らす。

3 海老とたこを取り出し、ごはんをさっくり混ぜ、温めておいた器に移してから、海老とたことサラミを上に飾り、パセリのみじん切りを散らす。

Spanish Bar

インパクトは黒い食器で作る

赤や黄色、料理本体の色を引き立てるために、皿類もリネンも黒で統一します。
黒尽くしの時は、艶のあるものをどこかに入れるのがポイントです。

Table Setting

バルメニューだから、テーブルセッティングも細部にこだわらず、テーブルにギュギュッと料理を並べて賑やかな雰囲気にしたい。テーマカラーは赤と黒。彩りのきれいな料理を際立たせるため、テーブルは、黒のサテン地のクロスに、黒の皿、黒い鍋、黒のワイヤーラックを並べます。料理本体の色を引き立てるために、皿類もリネンも黒で統一するという訳です。黒尽くしの時は、全体が沈んでしまわないように、艶のあるものをどこかに入れて。黒い皿に、黒のコットンのクロスを使うと、全体の彩度が落ちて地味になってしまうので、艶のあるサテン生地のクロスを使います。艶がパーティ感を盛り上げてくれます。

1 テーブルクロス／黒サテン生地をテーブルのサイズに合わせて購入し、端をミシンで縫ったもの。
● 黒丸皿 φ28.5cm φ21cm ／M-style ミヤザキ食器
縁はマットですが、センターが艶ありの黒というのが使いやすい理由。どんな食べ物でもシックに受けとめてくれる。難点は、指紋のあとが目立つこと。清潔感にもかかわるところなので、皿を持つ時にはリネンごしに持つなどの工夫を。

2 スキレット／φ6・1/2インチ 中8インチ 中9インチ LODGE（ロッジ）
熱をゆっくりじっくり伝えるので、肉を焼いても、野菜を蒸し煮してもおいしい。そのままオーブンに入れることができ、蓋もついているので利用価値は大。一度熱くなったら、冷めにくいのもうれしい。テーブルにそのまま出せるビジュアルのよい調理道具がいくつかあると、パーティにも役立つ。

3 黒耐熱皿 φ24cm φ19cm φ8cm ／Regás（レガス） カスエラ ブラック
こちらもLODGEの鉄鍋と同様、直火にもかけられ、オーブンにも入れられるスペインの耐熱皿。LODGEほどアウトドアなイメージがないので、皿として使っても他のものとのなじみがいいし、プディングなどお菓子を焼くのにも使いやすい。小型のφ8cmのものは、オリーブやドライトマト、アンチョビなど、ちょっと水分のあるおつまみを入れてもよいし、タルタルなどのソースやピクルスなどを入れるのにちょうどよい。φ8cmのRegásで、1人分のラザニアなどを作っても喜ばれそう。
・黒トレイ φ47cm ／海外で購入。

4 3段の黒のワイヤーラック φ19×h34cm
ニュージーランドで購入。パンやクッキーを入れたり、小さなカトラリーやペーパーナプキンを入れたり普段にもパーティにも活躍してくれる。
左のワイヤーラック 黒 φ40×h12cm
本来は新聞を入れたりするインテリア用ラック。ワイヤーが細くて華奢なので、大きさがあっても主張しすぎず、よいアクセントになる。今回はバゲットやトマトをたっぷり盛って使用。
● 残っても困らない調味料やピック、水など、買いやすい価格の小物を少しテーブルに足すだけで、らしさが出る。こんなものもあるの？と国しばりのテーマは新しい発見もあって、専門サイトは見ているだけでも楽しい。スパニッシュパーティの時に私が時々利用するサイトは以下の通り。
・CASA SPAIN
● スモークしたパプリカパウダー、イネスロサレスのアニス風味のトルタス（オリーブオイルトルタ）はここで購入。
・casa iberico
● PALILLOS BETIK ピック
ピックはここで購入。ピックはどこの国でも使っているからこそ、お国柄が出るのでできればこだわりたい。安っぽいけれどフォルムの可愛いスペインのピック。真ん中が太くなっていて、刺したものが抜けにくい、という実用面にも優れている。

実例Ⅱ

着席スタイル

折敷で遊ぶ

和食でおもてなしするのは、ちょっとハードルが高いと思いがち。
普段食べているお料理だけに、特別感を出すのは確かに難しいかもしれませんが、
私は「和食でおもてなしをする時には、折敷を使う」ことにしています。
小皿にちょこちょこと盛りつけて折敷にまとめてのせる。
折敷使いは和食のおもてなしを
簡単にしてくれます。

折敷で遊ぶ

Theme

折敷で遊ぶ

和食は野菜や魚、そしてご飯やお椀にも
季節感を盛り込みやすくて素敵なおもてなしになります。
でも、和食はどうもハードルが高いと思ってしまうのは、
だしをとる、野菜を切るなど、下ごしらえに時間がかかるから。
特に、切りものに時間がかかるので、
パーティ前に包丁のお手入れはしておきましょう。
また、一つの料理に必要な素材は一か所にまとめておきましょう。
最後にかけるたれは冷蔵庫に、飾りに使う葉は、
キッチンの流しの横になど、置く場所を分散させると、
出し忘れにつながります。酢の物やサラダ、豆腐、野菜などは、も
う少し食べたいな、というくらいの少なめの量を盛るのがポイント。
好みや量は、人それぞれだから、
様子を見てお代わり用の盛り皿を回すようにしています。

Menu

たこ、きゅうり、わかめの酢の物
たまねぎサラダ 胡麻ドレッシング
鶏のささみと野菜のだし和え
久在屋のすっぴんやっこ
油揚げとししとう焼き
冬瓜と蟹のお椀
雑穀ご飯／酢どり生姜／ちりめん山椒
村田商店のあんみつ

Time Schedule

＜前日までに＞
食器とカトラリーを揃え、
スリッパを用意　掃除、買い物をする
胡麻ドレッシングを作る
合わせ酢と酢どり生姜を作る
冬瓜を下煮する
だしをとって冷凍しておく
鶏ささみを焼いて、ほぐしておく
だし和えの野菜を細切りにしておく
冷茶の用意をしておく

＜当日＞
たまねぎをカットして水にさらす
たこ、きゅうり、わかめの用意をする
生姜の千切りを作る
冬瓜のお汁の仕上げ
雑穀を炊く
鶏のささみと野菜のだし和えを作る
豆腐を切って器に入れ、冷蔵庫へ

＜直前＞
すべての料理をお皿へ盛る
油揚げとししとうを焼く

食事の進め方

折敷を使って食事をする場合には、一回ごとに料理を下げ、また新しい料理を出すといった懐石料理のエッセンスを取り入れて順に進めていきます。

まずはアンティークグラスに梅酒を注いでおすすめします。ランチなど、お酒を飲む設定ではない場合、梅酒や柚子果汁を炭酸で割ったものなど、少し気分を変える軽い飲み物を添えるようにしています。

喉を潤しながら、メニューカードで食事の流れをご紹介します。

酢の物、たまねぎサラダ、鶏のささみと野菜のだし和えの3品は、すぐに食べていただけるよう折敷にセットしておきます。

最初の料理をひととおり召し上がっていただいた後に、この日のために取り寄せた久在屋さんのすっぴんやっこの冷や奴と、同じく取り寄せた油揚げとししとうを、網で軽く炙ってお出しします。黒の折敷には葉蘭や笹を敷き、盛りつけた小鉢や漆皿などを人数分まとめます。盛りつけに使える葉ものは庭やベランダで栽培しておくと便利です。生姜、塩、しょうゆなどは別皿に出します。

最後に冬瓜と蟹のお椀、雑穀ご飯、酢どり生姜とちりめん山椒を小皿に盛って出します。おもてなしの時は、お椀もご飯茶碗も蓋つきを。

蓋をあけた時に、ちょっとしたサプライズを仕込みたいので、お椀の具は、特に気を使って蟹と冬瓜を美しく立体的に盛りつけます。また、蓋物の茶碗に入れるご飯ものは、色がついていたり、具が入っているものなど何か工夫をするとよいと思います。季節の炊き込みご飯なら最高ですが、白いご飯なら、からすみをのせたり、香りのよい胡麻やゆかりがふってあるだけでもうれしいもの。お祝い事ならお赤飯に金箔を飾ってもよいでしょう。ボリュームアップしたければ、蓋物ご飯はやめて、ちらし寿司をどーんと出したり、握り寿司、押し寿司でおもてなしをすることもあります。

甘味は、季節の果物を食べやすく切ってシンプルにお出しすることが多いのですが、ここでは皆さんに好評の村田商店さんのあんみつで。おいしい市販品を知っていると助かります。ガラス鉢に入れますが、受け皿を敷いて出すと折敷に傷をつける心配もないし、見た目に安定感が出ます。

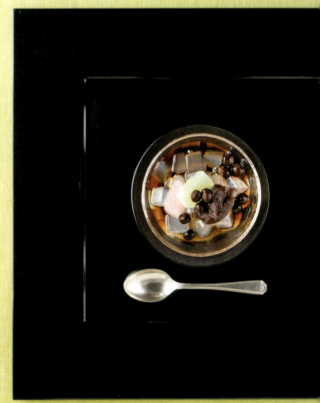

折敷で遊ぶ

たこ、きゅうり、わかめの酢の物

■材料 4〜5人分
ゆでだこ —— 約200g 》さっとゆでて、薄切り
きゅうり —— 1本
塩 —— 小さじ1/4
生わかめ（塩蔵）—— 25g 》塩抜きして固い部分を取り除き、食べやすい大きさに切る
生姜 —— 1かけ 》千切りにしておく

A｜昆布（5cm四方）—— 1枚
　｜酢 —— 大さじ6
　｜メープルシロップ —— 大さじ1
　｜塩 —— 小さじ1/3
　｜薄口しょうゆ —— 小さじ1
　》Aを合わせて中火にかけ、塩が溶けたら冷ましておく

■作り方
1 きゅうりは小口から薄切りにして、塩でもみ、水気が出てきたらぎゅっと絞る。
2 器にたこ、きゅうり、わかめを盛り、生姜の千切りをのせ、Aの合わせ酢をかける。

たまねぎサラダ 胡麻ドレッシング

■材料 4人分
たまねぎ —— 大1個 》スライサー（一番薄い設定）で繊維に沿った方向にたまねぎを薄く切って水に浸ける。辛くないか味見して、辛みが抜けたら、さらしに包み、よく絞って水気をとる。冷蔵庫で冷やしておく
洗い胡麻 —— 大さじ4

A｜酢 —— 大さじ1
　｜みりん —— 大さじ1
　｜しょうゆ —— 大さじ1
　｜ごま油 —— 大さじ2/3
　｜サラダオイル —— 大さじ1
　｜塩 —— ひとつまみ

■作り方
1 洗い胡麻は、熱したフライパンに入れ、ゆすりながら炒る。少し色づいて、胡麻がくっつきはじめたら火から下ろす。大さじ2は、飾り用としてとっておく。残りの炒り胡麻は、すり鉢に入れ、形がなくなるまでよくする。
2 すり鉢の中へ、Aの調味料を順に入れて、よく混ぜる。
3 それぞれの器に2を入れ、冷やしたたまねぎを形よく盛る。飾り用の胡麻を上に飾る。

鶏のささみと野菜のだし和え

■材料 6人分
鶏ささみ —— 3本
塩 —— 少々
きゅうり —— 1本
にんじん（細いもの）—— 5cm
みょうが —— 3個
長ねぎ —— 1/2本

A
濃いめのだし汁 —— 100cc
しょうゆ —— 大さじ1・1/3
みりん —— 大さじ1
酒 —— 大さじ1
》Aを合わせ、冷ましておく

■作り方
1 鶏肉は、軽く塩をふって、熱く焼いた網にのせ、白焼きにする。細くほぐし、冷やしておく。
2 野菜はそれぞれ細い千切りにして、氷水に放し、パリッとさせた後、ざるにとって水気を切る。
3 鶏肉、千切りの野菜を混ぜて器に盛り、周りにAの和えだしをかける。

冬瓜と蟹のお椀

■材料 6人分
冬瓜 —— 約400g 》種を取り、4×3×4cmくらいに大きさを揃えてカットしておく

A
だし —— 1200cc
塩 —— 小さじ1
しょうゆ —— 大さじ1/2
みりん —— 大さじ1

蟹の身 —— 約100g 》6等分にしておく（あまり細かくほぐさない）
葛粉 —— 10g 》同量の水で溶いておく
生姜汁 —— 大さじ2
芽ねぎ —— 適量

■作り方
1 冬瓜は、緑の色を見せたいので薄く皮をむき、内側から身の半分くらいまで十字に隠し包丁を入れる。皮側に綾の目に包丁を入れる。
2 たっぷりの水を沸かし、冬瓜の皮側を下にして鍋に入れ、さらしで落とし蓋をして約12分、串を刺して、皮側までずっと刺せるようになるまでゆで、一度水にとってからざるにあげて水気を切っておく。
3 鍋にAを入れ、2を入れてさらしで落とし蓋をして10分煮る。蟹の身を加え2〜3分煮て、一度味を見てよければ水溶き葛粉を入れてとろみをつける。
4 お椀に冬瓜と蟹を盛り、上に芽ねぎを飾り、小さじ1/2ずつ生姜汁を落とす。

折敷で遊ぶ

久在屋のすっぴんやっこと油揚げとししとう焼き

■材料6人分
久在衛門すっぴんやっこ —— 1丁
ゲランドの塩 —— 適量

久在屋さんの油揚げ —— 1枚
ししとう —— 1パック
生姜 —— 適量 》 すりおろす
しょうゆ —— 適量

■作り方
1 すっぴんやっこは六等分に切って器に盛る。ゲランドの塩を添える。
2 油揚げは網焼きして適当な大きさに切る。ししとうは、串で2、3か所穴をあけて、サラダオイル（分量外）を薄く塗り、網焼きし、器に盛る。生姜としょうゆを添える。

●パーティの途中で出す焼き物は、あまり集中力を必要としない簡単なものを。揚げ物や焼き野菜、鶏レバーの網焼きなど、他にも気を配ることが多いので、さっと焼くだけ、とか揚げるだけ、温め直すだけ、のものがおすすめ。

口当たりなめらかな絹ごし豆腐。口いっぱいに大豆の甘みが広がる。

**冷茶 葉っピイ向島園
有機栽培水出し煎茶**
雑味のない有機の水出し煎茶は、よく冷やしてお出ししたい。身体に安心がうれしい、おいしい冷茶は夏の定番。
http://www.mukoujimaen.jp

雑穀ご飯／酢どり生姜／ちりめん山椒

■材料 4合分
雑穀 —— 1/2合 》目の細かいざるでさっと洗い、水気を切っておく
白米 —— 3・1/2合 》といで水気を切る
■作り方
1 雑穀と白米を合わせ、普通に水加減をして炊く。
●ご飯は、白米に、ミレさん（右記）セレクトの絶品雑穀を混ぜて。雑穀料理教室ではその季節に食べるべき雑穀や、おいしい食べ方を教えていただける。

＜酢どり生姜＞
新生姜 —— 200g 》よく洗って皮の固そうなところだけをむき、スライサーでなるべく薄くスライスする。
甘酢
酢 —— 100cc
メープルシロップ —— 大さじ3
塩 —— 小さじ1/5 》すべてを合わせて火にかけ、塩が溶けたらすぐ火を止める。火を入れすぎると酢が飛ぶので注意。

■作り方
1 小鍋に生姜を入れ、水（適量）を入れて沸騰したら弱火にして3～4分ゆでる。アクが出てくるので、取り除き、ざるにあげ、水気をしっかり切って、甘酢に1～2日浸けて味をなじませる。
●ちりめん山椒は「和久傳」のものを愛用。

村田商店のあんみつ

池上本門寺の門前にある、甘味専門店。さっぱりといただけておいしいこちらのあんみつは、和のデザートの定番。
http://kanten.koguma.jp/toppage.aspx

ミレさんの雑穀料理教室
http://cookingschool.jp/school/milet/blog/view
季節によって摂るべき雑穀をミックスしている。

折敷で遊ぶ
多種多様の皿を折敷にまとめて

お料理は身近な素材を使って作る普段の和食。これをおもてなし料理に昇格させるには、映りのよい皿を選ぶことと、盛りつけに気を配ること、この2つだけです。今回はお気に入りの皿を、折敷の中でおままごとのように組み合わせました。器は、皿本来の用途にこだわらないで選ぶことがポイントです。酒器におつまみを盛ったり、豆皿を茶托として使うなど、自由に考えてコーディネートしましょう。和食器はどう揃えたらいいか、迷うかもしれません。まず親の食器棚をチェックしてみたらどうでしょう？　きっと自分の好きな器が見つかるはず。そこから自分好みのものを少しずつ集めていくのもひとつの方法です。

私は現代の作家ものも、アンティークも好き。できれば洋にも和にも使えるとうれしい。そう、食器の揃え方として一番おすすめなのは「好きなモノ」を集めること。妥協せず、本当に好きかどうかにこだわって揃えれば、多少テイストの違いがあっても、大丈夫。そのまま並べて違和感があったら、折敷にひとまとめにのせてみてください、折敷がなければ、テーブルマットでもOK。下に敷物をしてグルーピングすれば、全体のまとまりがつくはずです。異素材を組み合わせても大丈夫。漆器とガラス、特に色つきガラスはアンティークの和食器ともなじみがよいのでぜひお試しください。

「和食でおもてなしをする時には、折敷を使う」と決めれば、盛り鉢、盛り皿は数枚あれば大丈夫。買い足しする時には、折敷の上でなじむサイズかどうかを基準に考えればよいわけです。

＜折敷とブランデーグラス＞
黒い艶のある漆の折敷とアンティークグラスは、特別好きな取り合わせ。折敷としても、トレイとしても使えるシンプルな折敷は、セミナー参加の生徒さんにも大人気。漆は傷がつきやすいので、取り扱いは注意が必要。

●折敷　33cm角／島安汎工芸製作所

●ブランデーグラス
φ5.5×h11cm／アンティーク
母の食器棚で見つけたブランデーグラス。家でブランデーを飲む機会はあまりないけれど、氷を入れて梅酒を飲むのにとてもよいサイズ。

●テーブルクロス／LINEN&DECOR

料理のあしらいによい笹、びわの葉、葉蘭、千両などの葉ものは、庭やベランダに植えておくと便利。

〈折敷と小皿、小鉢の組み合わせ〉
1 鶏のささみと野菜のだし和え
● ガラス鉢　φ9.5×h6.3cm ／ shizen
ガラス鉢は、手の中におさまる程よい形と、涼やかな表情が美しい。
冷たい煮物を少しだけ盛ったり、おそうめんを一口、冷茶を入れても素敵です。

たまねぎサラダ 胡麻ドレッシング
● 白地に染付けの4寸皿　φ12×h3cm ／アンティーク
● 本赤柾(マサキ)利休箸／箸勝本店

たこ、きゅうり、わかめの酢の物
● 白地に染付けの三つ葉の鉢　φ9×5.3cm ／アンティーク
アンティークはどちらも、明治〜大正時代のもの。
● グラス　φ6×h9.5cm ／ IKEA
● 茶托　φ12cm　BUNACOの小皿を茶托として使用。

2 久在屋のすっぴんやっこ
● 薬味を入れた浅鉢　エッグボウル φ9.5×6.7×h4.4cm ／ IN MY BASKET
● 水牛スプーン　7.3cm ／伊勢丹

すっぴんやっこ
● 茶ガラス鉢　φ9×h4.5cm

油揚げ、ししとう焼き
● 黒漆　4寸台皿　φ13×h3.6cm ／福光屋の骨董コーナー

3 雑穀ご飯／酢どり生姜／ちりめん山椒
● ひょうたん皿　9×6.5cm ／アンティーク
● ご飯茶碗　φ11×h5.4cm ／アンティーク
● 漆のお椀　φ12×h5cm ／象彦

4 あんみつ
● ガラス鉢　φ9.5×h6.3cm ／ shizen
茶托はBUNACOの小皿　φ12cm ／ BUNAKO

花嫁の好きなパープルをテーマカラーにしたウェディングビュッフェ。挿花は花嫁の母、フラワーアーティストの中村明美氏のプロデュースによるもの。

PARTY DESIGN ARCHIVE

ケータリング

左／一口サイズのマンディアンマフィン。右／化粧品会社による、美の本能を呼び覚ます〜REDパーティ。

左／"賑やかなマルシェのようなウェディングパーティを"というリクエストで、マルシェ婚ビュッフェ。

左から2番目／ゲストは食材を選び、スタッフがその場でパニーニを焼く。動きのあるライブ感がパーティを盛り上げる。

左／NY在住の日本人ジュエリーデザイナー＆ペインターによる展示会。"East meets West"をイメージ。　右／新緑をバックにピクニックをテーマにしたテーブル。

左／手に取りやすいフィンガーフード、カップフードを並べて。　右／一口サイズのフルーツスコーン。

PARTY DESIGN ARCHIVE
ケータリング

左／三段トレイにフードを並べたガーデンウェディングでのプレゼンテーション。　右／ミニサイズのメレンゲ菓子。バックのポピーに色を合わせて。

Seasonal Tables

季節のテーブル

Beauty Brunch 「ビューティ ブランチ」
Open "WECK" 「オープン "WECK"」
Summer Breakfast 「サマー ブレックファスト」
Custom-made Wedding Party 「手作りウェディング」
Save Water Drink Wine! 「ワインに溺れる」
秋の日本酒を楽しむ夕べ
Christmas Marché 「クリスマス・マルシェ」
Happy Trigger 「新年を祝うハッピー・トリガー」

ビュッフェスタイル

Beauty Brunch
「ビューティ ブランチ」

体の内側からキレイを呼び覚ます素材や食事、
「ビューティフード」のような話題性のあるテーマで、パーティをするのも楽しいものです。
「今、気になっているビューティフードを一つ持ってきて!」 という持ち寄りパーティは、
ホストの負担を減らす賢いホームパーティのやり方です。
が、何でもありの持ち寄りだと、フードが重なったり、テーブルを美しくスタイリングするのに苦労します。
持ち寄りパーティには、いくつかコツがあることを覚えておきましょう。

Beauty Brunch

それぞれ自慢のビューティフードを
持ち寄って

Theme

「ビューティフード」をテーマにした持ち寄りパーティです。
持ち寄りパーティというと、統一感のないものになる可能性があります。
それを避けるには、ある程度のしばりがあったほうが、ゲストもホストも気が楽です。
たとえばホストは、メインやスープ、揚げ物など温かいものを
用意することにして「あとはお願い！」と頼めば、
ゲストはそのメニューに合わせて持参するものを考えればよいのです。
冷たい料理オンリーの場合は、お揃いの箱をゲストに事前に渡して
「これに詰めてきて！」というのも楽しいアイデア。
実際にPARTY DESIGNのリニューアル引っ越し前に、
ケータリングで使っているPARTY BOX（23×23cmの紙箱）を
ゲストに郵送して、それに料理やお菓子を詰めてきてもらい、
そのままテーブルに並べるパーティをしたこともあります。
蓋を開けるたびに歓声が沸く、
持ち寄りbox partyも楽しいものです。

Menu

**季節の野菜と
キャロットジンジャードレッシング
アボカドビーンズ＆ガーリックバゲット
グリルドシュリンプとアジアンヌードル
キヌア＆ケールサラダ
キャロットマフィン**

ビューティフードがお題なので、キヌアやケールなど、今話題のスーパーフードや、ビーンズ、にんじんなどヘルシーな素材を使った料理を用意します。こちらで作る料理の情報を伝えて、ゲストの方たちの持ち寄りを楽しみにします。

Time Schedule

＜前日までに＞
キャロットマフィンを焼く
スパイシーピーナッツドレッシングを作っておく
ヌードルをゆでて、スパイシーピーナッツドレッシングで和えておく
アジアンヌードルに合わせる野菜を切っておく
キャロットジンジャードレッシングを作る
ガーリックバゲットを焼いておく
キヌア＆ケールサラダのドレッシングを作っておく

＜当日1時間前まで＞
キャロットジンジャードレッシング用の野菜を切る、ゆでる
海老を焼いて、ヌードルの仕上げをする
アボカドビーンズを作る
キヌアをゆでる
キヌア＆ケールサラダを作る
＜直前＞
全ての料理を盛りつける

Beauty Brunch

グリルドシュリンプとアジアンヌードル

キヌア&ケールサラダ

グリルドシュリンプとアジアンヌードル

作りたての熱々パスタをゲストにタイミングよくサーブするのは、かなり難易度が高いもの。
それに比べ、前日にゆでておける冷製ロングパスタは気楽で、ホームパーティはもちろんのこと、
ケータリングでも出番の多い人気メニュー。

■材料 3〜4人分
スパイシーピーナッツドレッシング
A｜レッドカレーペースト — 小さじ1/8〜
　｜しょうゆ — 40cc
　｜スイート・チリソース — 60cc
　｜胡麻油 — 40cc
　｜米酢 — 20cc
　｜ピーナッツバター（無糖）— 大さじ1/2

リングイネ（DECECCO No.7）— 100g
オリーブオイル — 適量
ブラックタイガー — 12尾
にんにく — 小1片 ≫ みじん切り
赤パプリカ — 1個 ≫ 4〜5cm長さに細切り
紫たまねぎ — 1/2個 ≫ 超薄切りスライス
セロリ — 1本 ≫ 4〜5cm長さに細切り
香菜 — 適量
松の実 — 適量
ケールの葉 — 適宜

■作り方
1 Aはすべてフードプロセッサーで混ぜ、瓶に入れて冷蔵庫で冷やしておく。
2 リングイネは袋の指示通りにゆで、水にとって冷やし、水気を切る。まだほんの少しリングイネが温かいうちに、1の2/3量で和え、ラップをして冷蔵庫で冷やす。大体2〜3時間から1晩おく。
3 ブラックタイガーは、尾を一節残して殻をむき、背ワタをとる。フライパンにオリーブオイルを温め、にんにくのみじん切りを入れ海老も入れて2〜3分ソテーして火を通す。ボウルにとり、残りのピーナッツドレッシングをからめる。冷蔵庫で2時間ねかせる。
4 2に、赤パプリカ、セロリ、紫たまねぎを入れて混ぜ、ボウルに盛って3をのせ、香菜と松の実を飾る。ケールの葉をあしらってもよい。

● パスタの量に対して、パプリカ、たまねぎ、セロリなどの野菜の量が多めなのもビューティフード好きには嬉しい。冷えた白ワインとも相性よし。
● 香菜は好き嫌いがはっきり分かれる食材。嫌いな人が多いかも？と心配な時には別皿にして、各自トッピングのスタイルがおすすめ。

キヌア&ケールサラダ

キヌアは、NASAが「21世紀の主要食」としてその栄養素に注目しているといわれる、スーパーフード。
プチプチした食感が楽しい。ケールは塩もみすると緑が濃くなって、いかにも栄養たっぷりの見た目に。
案外食べやすい素材でドレッシングと合わせてから、長時間へたらないところもパーティ向き。

■材料 6人分
ケール — 中くらいの大きさのもの2枚 ≫ 固い軸は除き、縦半分に切って7mm幅にスライスする
塩 — 小さじ1/2
キヌア（ALISHAN キヌアミックス）— 90g
A｜バルサミコ酢 — 大さじ2
　｜オリーブオイル — 大さじ2
　｜こしょう — 少々
　｜しょうゆ — 大さじ1/2
　｜レモン — 好みで
胡麻、ひまわり・かぼちゃの種 — 好みで
トレビス — 適宜

■作り方
1 ケールは塩小さじ1/2程度を混ぜ、軽くもんで10分おき、水気をしっかり絞る。食べてみてアクが気になるようだったら、さっと水を通して絞る。気にならなければ、塩もみして絞るだけでOK。
2 キヌアは目の細かいざるでさっと洗い、水気を切っておく。
3 小鍋に水200ccを入れ、沸騰したら塩をひとつまみ（分量外）入れ、2を入れて蓋をし、水分がなくなるまで弱火で12分ほどゆでる。火を止め、蓋の下にペーパータオル1枚をかませ、5分おいてからフォークでくずす。
4 キヌアがほんのり温かいうちに、Aを混ぜ、1も混ぜる。器にトレビスを盛る。

● すぐ食べられるが、30分くらいおいて味をなじませるとよい。食べる前にレモンを絞ってもおいしい。
● ケールがない時は、小松菜を使ってもよい。
● キヌアはまとめてゆでて、残りをファスナー付き保存袋に入れて平らにし冷凍しておくと、そのまま必要な分だけ折って解凍して使えるので便利。
● 白いキヌアが一般的だが、ALISHANからでているキヌアミックスを使うとオシャレっぽく見えるので愛用している。
● 胡麻、ひまわり・かぼちゃの種をのせてもおいしい。

Beauty Brunch

季節の野菜とキャロットジンジャードレッシング

野菜は季節のものを数種類用意します。トレビス、プチトマトなどは生で、アスパラガス、ロマネスコ、プチベールなどはさっとゆでて。彩りよく盛り、ディップ類を添えます。グウィネス・パルトローの本「IT'S ALL GOOD」のレシピをアレンジしたドレッシングは、にんじん嫌いも山盛り野菜をペロリと食べてしまうおいしさ。

キャロットジンジャードレッシング

■材料 5人分
にんじん —— 約150g（小さめ1本）≫ 皮をむいてざっくり刻む
たまねぎ —— 約40g ≫ ざっくり刻んで水にさらす
生姜 —— 20g弱 ≫ ざっくり刻む
米酢 —— 30cc
はちみつ —— 大さじ1
ごま油 —— 大さじ1
キャノーラオイル —— 60cc
塩 —— 小さじ1/4
ブラックペッパー —— 小さじ1/4

■作り方
1 すべてミキサーに入れて回す。瓶に入れ、冷蔵庫で保存。

●風味は多少落ちるが、冷蔵庫で約1週間保存ができるのも魅力。

アボカドビーンズ

■材料 6〜8人分
アボカド（完熟）—— 2個
レッドキドニー（ドライパック）—— 1袋
枝豆 —— 70g ≫ シーズンオフは冷凍枝豆を使用。ゆでて皮をむき、薄皮も取り除く
レモン汁 —— 大さじ1
マヨネーズ —— 大さじ1
カレー粉 —— 小さじ1
塩・こしょう —— 各適量
セロリ —— 30g ≫ みじん切り
たまねぎ —— 15g ≫ みじん切り

■作り方
1 アボカドはマッシャーでつぶし、材料すべてを加え混ぜ合わせる。
味をみて、塩、こしょうで調整する。
色が変わりやすいので直前までラップで表面を覆って冷蔵庫に入れておく。

ガーリックバゲット

■材料 1本分（55cm）約45枚分
バゲット —— 1本（55cm）
にんにく —— 1片
オリーブオイル —— 適量

■作り方
1 にんにくはすりおろして、オリーブオイルに入れ、香りをつける。
2 バゲットは6〜7mm厚さにカットし、1（オイル部分）を刷毛で塗って、オーブンでカリッとするまで焼く。

●ほのかなカレーの風味と、ところどころ見え隠れするビーンズがキュートなディップ。ガーリックバゲットにつけて食べると止まらないおいしさ！

■材料 マフィンカップ φ5cm（底 φ3cm）
　　　×h 3cm 28個分
卵 —— 2個
ブラウンシュガー —— 100g
キャノーラオイル —— 150cc
にんじん —— 190g（約1本分）》すりおろす
A｜薄力粉 —— 150g
　｜シナモン —— 小さじ1/2
　｜ベーキングパウダー —— 大さじ1/2
　｜ベーキングソーダ —— 小さじ1/4
　｜塩 —— 小さじ1/4 》混ぜてふるっておく
くるみ —— 70g 》細かく刻む

■作り方
1 ボウルに卵を割りほぐし、ブラウンシュガーを加え、混ぜる。
2 オイルを加えて混ぜ、にんじんも入れ、Aを加えて混ぜる。
3 2に、くるみを入れて混ぜ、マフィンカップに1個につき25gずつ生地を入れ180℃のオーブンで20分焼き、様子をみて、必要ならばさらに5～6分焼く。

キャロットマフィン

乳製品フリーの材料で作るキャロットマフィン。
にんじんのやさしい甘みとくるみ、シナモンの香りがポイント。
焼きたてもおいしいですが、2日くらいたつと味がなじみます。
軽く温めて食べてもおいしい。マフィンは、食べやすい小ぶりサイズが◎。

Beauty Brunch
持ち寄りパーティはシンプルな食器を

Table Setting

持ち寄りパーティは誰が何を持ってくるか、ある程度わかっていても、持ってきたお料理が、こちらが想像していたサイズやカラー、ボリュームとは違う場合もあります。持ち寄りパーティのコツは、考えていた器に対して料理の量が多ければ皿を増やせるように、予備の皿を用意しておくこと。
逆に、用意している皿に対して料理の量が少ない場合は、大きめの葉もの（時間がたってもしなっとなりにくいケールやトレビスなど）を用意しておくと便利です。
そして料理の色が、皿の色と合わない時に、間に差し込める葉っぱや、料理に添えるハーブなどを用意しておけば完璧です。

テーブルリネンに関しては、個性的な色、柄のテーブルクロスより、何でも受け入れてくれるナチュラルカラーのリネンが正解です。食器も、白とガラス、黒とガラスなど、色を絞ってシンプルなものを用意するとコーディネートしやすいでしょう。
たいていは、平皿と少し深みのある皿、そして一盛りにしたくないしょうゆやソースを入れる小皿が人数分あると便利です。
ビュッフェの場合、テーブルの上にのせるには、ちょっと大きすぎるかな？と思う食器などを入れることで、スタイリングがまとまることがあります。サイズの似たものばかりを並べるとインパクトのないテーブルになってしまうので、一つ、二つ、サイズ感をはずしたものを投入するテクニックは覚えておきましょう。

<ガラス三段トレイ>
φ35・φ30・φ24cm×h42cm／伊勢丹　サイズが大きいので、収納が気になるが、解体ができて40四方×14cmの箱に収まるのは優秀（といっても大きいが）。スウィーツやミニサンドウィッチを並べて、また、小さなグラスに入れた一口ポタージュやムースを並べれば、アフタヌーンティーパーティが完成。フードを並べるだけで簡単にアイキャッチになる、高さのある三段トレイは一つあるとうれしい。
<取り皿>
白丸深皿　φ24×h6cm／LSA
<ティーカップ＆ソーサー>　カップ＆ソーサーは、ソーサーの柄がシルバーのカップに映り、テーブルを華やかにしてくれる。すべて無地で揃えず、ソーサーなど、小さな部分に柄を取り込み、変化をつけるのも、テーブルを楽しく見せるテクニック。カップφ9.5×h7cm　ソーサーφ18.5cm／D-BROS

<リネン>
フルクロス ナチュラルカラー／LINEN & DECOR（オーダー）　センターに敷いたホワイトラメのランナー（p34写真）／LINEN & DECOR（リネン＆デコール）
<ガラス脚付きボウル特大>
ヌードル、BONジュースを入れたもの。φ32×h22cm／LSA
ビュッフェの場合、インパクトのある食器を投入するテクニックは覚えておきたいという例にふさわしい大きなボウル。大きくて見栄えのする食器は収納場所の確保が悩み。であれば、しまわずに普段も使ったら？　脚付きボウルは、りんごやバナナなどのフルーツ入れや、花器としてもOK。シンプルなフォルムだから用途は広い。
<ガラスコンポート>
中　φ20×h13cm　東京堂　小　φ16.5×h13cm／PANCOW BOTANY KOMAZAWA（パンコウ）
中に小を重ねてパーティのテーブルでは高さを出すのがポイント。特にビュッフェの場合はテーブル上が平坦だと盛り上がりに欠ける。このガラスコンポートは、実は別々のところで購入したものを重ねて高さを出したもの。一つずつでも使えて便利。
<スクエアガラス>
にんじん、キャロットバーを入れたスクエアガラス大14.5×14.5×h14cm／LSA　小8×8×h8.3cm
ディップを入れたキューブ／Sghr スガハラ
このガラスキューブも違うお店のもの。サイズを変えて持っていると便利。
<ガラス丸皿>
シルバーのリムが華やかなお皿にはプティフールを盛っても。φ30cm／IVV
<ガラス小ボウル>
キヌアとケールのサラダを入れたもの。φ13×12.5×h5.5cm／ツヴィーゼル・ブティック代官山

ビューティフード

私自身も日頃からビューティフードを摂るよう心がけています。「日に当たってしまったらすぐトマトかスイカを食べる」「タンパク質は、良質なものを摂る」「白いものより黒いものを食べるようにする」。いくつか気をつけている点はあるけれど一番気に入って守っているのは「良質のカカオや、赤ワインのポリフェノールはアンチエイジングに効果的なので摂取すべき」かな。
私の主な情報源は、WEBマガジンLBR（LIFE & BEAUTY REPORT）の岩田麻奈未さんの記事。そして、参考にしているのは、前述のグウィネス・パルトローのライフスタイルブック「IT'S ALL GOOD」などです。

BON JUICE
国産の無農薬・自然農法の野菜と果物のみで作るコールドプレスジュース。使用する野菜も果物もすべてオーガニック。味の濃いジュースで一度飲んでみる価値あり。持ち寄りパーティに、何を持っていこうか迷うけれど、市販のものを持っていく場合、おいしさの次に大事なのは、どれだけ話題性があるか、語れることが多いか。日持ちしないBON JUICEは、取り寄せができず当然、前日の夜か当日の朝にショップに立ち寄って買うしかない。入手しづらいという点も、逆に価値がある。

キャロットバー
コールドプレスジュースを搾った後に出るパルプ（食物繊維）を使用したキャロットバー。オーブンで焼いていないので酵素が生きたまま。搾りかすを固めてバーにしたものなんて、おいしいイメージではないけれど、これがなぜかかなりおいしい！　味とともに、ビジュアル、サイズ感も申し分ない。

http://coldpress.jp

着席スタイル

Open "WECK"

「オープン"WECK"」

パーティのメニューは、作り置きできるレシピをいくつか入れると便利、というのはみなさんもご存知のとおり。
今回は、もう一段階手抜きをして、あえてWECKに仕込んだフードをそのままテーブルに登場させるパーティを考えました。
ドイツ生まれの保存ボトルWECKがずらりと並んだデリ風のテーブル。
各自が好きなものを好きなように食べられるし、
みんなで作りながら食べる料理って、BBQや鍋と同じで特別な親近感が生まれます。

Open "WECK"

Virgin Mojito

Dried Tomato Bruschetta

Spring Crudite with Goddess Dip

Red Cabbage Pickles

Classic Caesar Salad

Gravlax Open Sandwich

Theme

究極のセルフサービス、これなら主催者も気楽！というパーティ。
お料理は仕込みだけすませておき、
あとはみんなで作りながら食べるスタイルです。
お料理をWECKに入れておけば、パーティ終了後、
ソースなど残ったものは蓋をしてそのまま冷蔵庫へ。
たくさん作ったら、WECKごと
ゲストに持ち帰っていただくのもよいお土産になるのでは？

Menu

ヴァージン・モヒート

グラブラックス＆
ディルソース

クラシックシーザーサラダ

自家製ドライトマト

紫キャベツのピクルス

野菜のクリュディテ
グリーン ゴデス ディップ

作り置きできるマリネやディップソースを用意すれば、簡単にパーティが開けます。「ディルソースはグラブラックス用です」と、ある程度の説明は必要ですが、あとはルールなし。各自好きなように料理を組み合わせて自由に楽しんでいただきます。「グラブラックスに紫キャベツのピクルス？」「結構合うわよ」なんて情報交換しながら……。食べたい量を好みで調節できるのもうれしい。

Time Schedule

＜前日までに＞
前々日に、グラブラックスを仕込む
グラブラックス用のディルソースを作る
ドライトマトを作る
グリーン ゴデス ディップを作る
シーザーサラダのドレッシングとクルトンを作る
紫キャベツのピクルスを作る
ミントシロップを作る／ライムを絞っておく
黒パンを焼く／ロメインレタスを洗っておく
ブルスケッタ用バゲットをオーブンで焼いておく
＜当日＞
グリーン ゴデス ディップ用の野菜をカットする
ロメインレタスを食べやすい大きさにカットする
グラブラックスや紫たまねぎのスライスなどを用意する

Open "WECK"

ヴァージン・モヒート

ノンアルコールのモヒート。
ミントが香る春夏にぴったりのドリンクです。

■材料 1グラス分
ミントシロップ —— 大さじ1〜2
ライムジュース（ライムの絞り汁）—— 大さじ1
炭酸水 —— 120〜150cc
スペアミント（飾り用）—— 適量
ライム（飾り用）—— 1切れ 》くし形切り
氷 —— 適量
■作り方
1 グラスに氷、ミントシロップ、ライムジュースを入れ、炭酸水を注ぐ。軽く混ぜ、スペアミントとライムを飾る。

ミントシロップ（でき上がり300cc）
■材料
スペアミント —— 30g（約3パック分）
グラニュー糖 —— 170g
水 —— 200cc
■作り方
1 小鍋に水、グラニュー糖を入れ沸騰させる。火から下ろし、スペアミントを加え、蓋をして5分間蒸らす。
2 蒸らし終えたら、茶漉しで漉してスペアミントを取り除き、冷ます。冷蔵で30〜40日保存可能。

紫キャベツのピクルス

味をなじませたいので、前日に作っておきたい。

■材料 数人分
A
　きび砂糖 —— 100g
　酢（千鳥酢）—— 300cc
　水 —— 100cc
　塩 —— 大さじ1
　ローリエ —— 2枚
　クローブ（ホール）—— 5粒
　コリアンダー（粉）—— 小さじ1
　粒こしょう —— 小さじ1
　赤唐辛子 —— 2本 》種を取り、半分にカット
　にんにく —— 1片 》切らずに丸ごとつぶす
紫キャベツ —— 1/2個
　》葉をばらばらにして洗い、食べやすい大きさにカットする

■作り方
1 Aを小鍋に入れ、火にかけて沸騰させる。冷ましてファスナー付き保存袋に入れ、キャベツを入れる。時々ゆすって、まんべんなく液に漬かるようにする。一晩おいた翌日がおいしい。

自家製ドライトマト

作り置きすると便利なドライトマト。バゲットの上にのせても
キッシュにトッピングしてもよい。
トマトを食べた後に残ったオイルもおいしいので、
パスタなどに利用してみて。

■材料
プチトマト —— 2パック
塩 —— ひとつまみ
にんにく —— 2片 》 たたいてつぶす
ハーブ（オレガノ、ローズマリー、タイムなど）
　—— 4〜5本 》 ちぎる
オリーブオイル —— 適量

■作り方
1 プチトマトはへたを取り、縦半分に切って種を取り、軽くつまんで余分な汁気を絞る。
2 天板に網を重ね、プチトマトの切り口を上にして並べ、130〜140℃のオーブンで50〜60分加熱して水分を飛ばす。
3 保存瓶に**2**を入れ、塩とにんにくとハーブを入れ、オリーブオイルをトマトがかぶるくらいまで注ぐ。

野菜のクリュディテ グリーン ゴデス ディップ

味が落ち着くので、できれば前日に作っておきたい。
野菜のディップに、また揚げ物のソースにしても美味。

■材料 4〜5人分
A
　アンチョビ
　　—— 2切れ（約25g） 》 ペーパーで油を切っておく
　新たまねぎ —— 40g 》 みじん切り
　　（食べてみて辛いようだったら水にさらす）
　イタリアンパセリ —— 大さじ2 》 みじん切り
　　（葉先だけをとって1パック分）
　マヨネーズ（ベストフーズ）—— 120g
　サワークリーム —— 60g
　白ワインビネガー —— 大さじ1/2
　塩 —— 小さじ1/2
　こしょう —— 少々
季節の野菜各種 —— 適宜 》 にんじん、セロリ、アンディーブ、かぶ、ロメインレタスなどの野菜は食べやすい大きさにカットする。カリフラワー、アスパラガスなどは食べやすい大きさにカットし、固めにゆでる。

■作り方
1 Aをフードプロセッサーで混ぜ合わせる。季節の野菜を添えていただく。

Open "WECK"

グラブラックス&ディルソース

刺身用のサーモンを塩、砂糖、ディルなどで漬けたグラブラックスは
北欧料理の定番。おいしくなるまでに48時間かかるので
漬ける時間が短い時は、ディルソースを添えて。

■材料6人分
アトランティックサーモン刺身用サク
　皮つき（脂がのっているもの）　300g×2
　ゲランドの塩（細かいもの）　大さじ1.5
　きび砂糖　大さじ1.5
A　白粒こしょう　小さじ2 》すりこぎで
　　つぶしておく
》Aはすべて合わせておく

ディル　3パック
　（茎を取って葉の部分を使う。
　2パックをサーモンに、
　残りはディルソースと飾りに使う）
ウォッカ　30cc

■作り方
1　サーモンの水気をキッチンペーパーで取り、骨がついていたら骨抜きで取り除く。
2　ラップに、1/2パック分のディルを敷き、皮を下にしてサーモン一枚（300g）をのせ、Aの半量をまぶし、軽くすりこむ。その上に、1/2パック分のディルをのせ、ウォッカの半量をふる。もう一枚のサーモンも同様にし、二つのサーモンをディルを挟むように上下に重ねる。このとき、上が平らになるよう、身の厚い部分と薄い部分を組み合わせて重ねる。ラップでしっかり包む。
3　2を深めのバットに入れ、少し小さめのバットを上に重ねて置き、トマト缶3〜4個程度の重しをのせて冷蔵庫へ入れる。
4　24時間漬けて上下を返し、水分が出ていたら捨て、もう24時間漬ける（好みでさらに24時間漬けてもよい）。ラップをはずし、スパイスとディルを取り除き、サーモンの皮を除いてできるだけ薄くそぎ切りにする。

★ディルソース
■材料6人分
マスタード　大さじ1
はちみつ　小さじ2
白ワインビネガー　大さじ1
ディル　大さじ1〜2 》みじん切り
塩、ブラックペッパー　適量
オリーブオイル　40cc〜

■作り方
1　オリーブオイル以外の材料を混ぜ合わせ、後からオリーブオイルを加え、よく混ぜて乳化させる。

クラシックシーザーサラダ

昔ながらのレシピ。
コクがありグラブラックスと食べてもおいしい。

■材料 6人分

クルトン
無塩バター —— 30g 》溶かしておく
EXヴァージンオリーブオイル —— 大さじ2
バゲット —— 1本 》皮を削いで1.5から2cm
　角に切る
　塩 —— 小さじ1/2
A｜こしょう、カイエンペッパー —— 少々
　》Aは合わせておく

ドレッシング
にんにく —— 2片 》皮をむき、縦半分に切って、
　芯を取っておく
牛乳 —— 適量
　アンチョビ 2切れ（約15g）
　塩 —— 小さじ1弱
B｜ブラックペッパー —— 少々
　レモン汁 —— 大さじ1
　ウスターソース —— 小さじ1
　ディジョンマスタード —— 小さじ1/2
　マヨネーズ —— 大さじ1
EXヴァージンオリーブオイル —— 80cc

ロメインレタス —— 適量 》洗って水気を取り、
　食べやすい大きさにカットする
パルメザンチーズ —— 適量

■作り方

1 クルトンを作る。
オーブンを200℃に予熱する。バターとEXヴァージンオリーブオイルを合わせておき、バゲットの角切りを入れてからめておく。Aを加え、よく混ぜたらオーブントレイに重ならないように並べ、焼き色がつくまで約10分焼く。

2 ドレッシングを作る。小鍋ににんにくと、ひたひたにかぶるくらいの牛乳を入れ、少しやわらかくなるまで弱火で煮る。やわらかくなったにんにくの汁気を軽く切り、フードプロセッサーに入れ、Bを加えて回し、2〜3回にわけてEXヴァージンオリーブオイルを加えてドレッシングを作る。

3 ロメインレタスにクルトン、ドレッシングを適量加え、ふわりと混ぜ合わせる。器に盛り、上からパルメザンチーズをスライスしてかける。

Open "WECK"

組み合わせはお好みで

作り方に書いてある通り、箱に直接45℃の水を入れて、しっかり蓋をして激しく45秒間ふり、できた生地を型に流して45分発酵させ、200℃で45分焼く。
簡単で、体によさそうなおいしいパンが焼けます。このパンミックス、普段からパンを焼いている方へのお土産にして喜ばれたことがあります。パンミックス／IKEA

バゲット＋ドライトマト
味わい深いドライトマトはバゲットにたっぷりのせるだけでおいしい。さらにEXヴァージンオリーブオイル、好みで粗めの自然塩をパラパラとふり、バジルの葉をのせたら完成。好みでアンチョビなどをのせても。

グラブラックス
＋紫キャベツのピクルス

黒パンの上にグラブラックスと紫キャベツのピクルスをのせて。好みで紫たまねぎのスライスやブラックペッパー、ケイパー、ディルなどを添えて。

バゲット
＋野菜とグリーン
ゴデス ディップ

野菜のクリュディテとディップだけで食べてもおいしいけれど、葉ものとにんじん、パプリカなどの歯ごたえのよい野菜とディップを薄いバゲットにはさんでサンドウィッチにしてもよい。ハムやチーズでボリュームアップすればランチのサンドウィッチに。

Open "WECK"
"WECK"が主役のテーブル

WECK

WECKにラベルを貼るのが、このパーティのポイント。ラベルがあるかないかで印象はぐんと変わります。
ラベルはPCのソフトで。細かい設定はできないけれど、ラベルシールについてくるダウンロードできるソフトを利用すると簡単に作成可能。
ラベルを貼ることで、誰でもWECKの中身を大まかに想像することができる。こういうアイデアは、パーティをスムーズに進めるために大事なこと。
また、食器にフードを盛るのとは違い、WECKは側面から中身が見られるのも特徴のひとつ。詰める時には、横から見て美しく見えるかどうかにも気を配って。

1 ドライトマト、グラブラックスとディルソースを入れたWECK
φ9×h5cm

2 シーザーサラダのドレッシングを入れたWECK
φ9×h9cm

3 紫キャベツのピクルスを入れたWECK
φ7×h5cm

4 グリーン ゴデス ディップと野菜のクリュディテを入れたWECK
φ7×h8.5cm

5 クルトンを入れたWECK
φ11×h15cm

3と4はCLOVER RACKが使える。
このスタンドに、ジャムやバターを入れてトーストと一緒にテーブルへ置けば、普段の朝食がホテル風に。
3と4はどちらも使いやすいサイズ。
市販のスパイスの瓶は、口が狭くて使いづらいので、うちでは3のWECKに入れ替えて保存。小さじなどを直接入れられて便利。
1も口が広く、何か入れると華やかで使いやすい。

Table Setting

だんだん暑くなるころのテーブルには、涼しげに見える演出も必要です。ガラスのWECKや白い器を使い、春らしいさわやかなコーディネートを。氷を詰めたピッチャーや、WECKの下に敷いたアクリル板も清涼感の演出と汚れ防止に一役かっています。

主役のWECKはみんなが取りやすいように、テーブルのセンターに並べてセットします。無造作に並べると、キッチンからとりあえず出した風になるので、センターに並べたアクリル板をガイドラインにして、ランダムであってもリズムをつけて並べたい。アイテムごとにグルーピングして置くのも乱雑に見せないコツです。

また、少し高さを出したいのでWECK用のスタンドCLOVER RACKを利用。今回は一番小さいWECKに紫キャベツのピクルスを詰めて飾りました。

白い皿はリムの少ないモダンなスクエア。白いキャセロールにはミントシロップを入れたピッチャーや、ライムなど、ヴァージン・モヒートに必要な材料をまとめて。

＜スクエアの白皿＞
シンプルなスクエア皿（26×26cm）は、単品だと素っ気なくて結構使いづらい。料理を格好よく盛りつけるにもかなりのテクニックが必要。ただ、このお皿はシリーズでサイズ違いがいろいろあるので、小さい皿（13.5×13.5cm）と組み合わせて折敷風に使うと、盛りつけもサービスも簡単でおすすめ。他にも、組み合わせ可能なものがシリーズで販売されており、多様にコーディネートできるのが魅力。白皿各種／私の部屋リビング

＜LINENとの組み合わせ＞
テーブルの表情を大きく変えるのはリネン。手持ちのお皿がリネンでよみがえることもあるので、お皿の買い替えを考える前にリネンを探しては？ テーブルクロスも愛用しているけれど、アイロンがけのことを考えると使いやすいのはプレイスマット。もともとは、肩幅に合わせてサイズが決められていたようですが、和製サイズのものより少し大ぶりな50cm前後のものが使いやすい。

色を使ったお皿をあまり持っていないので、リネンは明るい色や、微妙な艶の入ったものなどを好んで揃えている。透明のガラス皿を使う時は、ブルー系のプレイスマットにガラス皿を直接置くと、料理に色が映りこんでおいしそうに見えなくなる。プレイスマットとガラス皿の間に黒い皿を1枚はさむなど、工夫が必要。

また、プレイスマットは、食事の時に敷くもの、と考えずにパンかごの下に敷いたり、水滴の落ちるピッチャーに敷いたり、いろいろに使える。

●写真左上から右回りに
パープルはいつもの印象をガラッと変えてテーブルを少しモードな感じにしてくれる。
パープル（プレースマット アントワープ）50×35cm／LINEN & DECOR
オレンジは、温かみのある色なので秋のテーブルに使いたい。オレンジ 50×36cm／MEZON DE FAMILLE（メゾンドゥファミーユ）
ブラックオリーブはオールマイティ。
ブラックオリーブ（キャンバスマット）45×33cm／株式会社 ベガテキスタイル 撥水加工のしてあるテーブルマットは汚れにくく普段にも使いやすい。
ストライプはブランチなど、早い時間の集まりにぴったり。ストライプ（プレースマット リモージュ）50×35cm／LINEN & DECOR

夏

Summer Breakfast
「サマー ブレックファスト」

集まる人と、場所が一緒だと、どうもパターンが決まってしまう、
という時は、集まる時間を変えてみたらどうでしょう？ いつも夜の集まりなら昼間にしてみるとか？
今回は、みんなの好きなメニューを並べた夏のブレックファスト・パーティの提案です。
「朝ごはん」というキーワードで考えたら、いつもと違うメニューのアイデアが
いくつも湧いてくるのではないでしょうか？

III 着席スタイル

Summer Breakfast

Today's chef is?

Theme

テーマは朝食。みなさんの都合に合わせてブランチくらいの時間設定でよいと思いますが、
前日どこまで用意できるかが、当日スムーズにパーティをすすめるための鍵になります。
今回は、パンケーキをテーブルで焼き、好きなものをのせていただくというスタイルです。
まず、前日にガスパチョを作り、チキンローフを焼いてしまいます。
どちらも、作って1日ねかせたほうが味がなじんでおいしくなります。
チキンローフをオーブンに入れている間にポテトチップスを作り、
余裕があれば、ストロベリーバターや
アプリコットバターなども作っておきましょう。
パンケーキの材料の計量まで前日にすませておけば完璧。
当日は、パンケーキの材料を混ぜて焼くだけ。
今日はパーティだから、いつもパンケーキを焼いてくれるママに代わって、
パパやゲストの方たち、子供たちが順番に焼いてもよいのでは?

Menu

ガスパチョ

クラシックパンケーキ

ストロベリーバター
ラズベリーバター／アプリコットバター

チキンローフと紫オニオンケチャップ

ホームメイドポテトチップス

暑い季節ですから、ゲストにはまず、キンキンに冷やしたガスパチョを飲んでいただきたい。
その後は各自焼きたてのパンケーキに好みのものをのせて召し上がっていただきます。メインはチキンローフに、紫オニオンケチャップと粒マスタードをたっぷりのせて。途中でクリームとベリーたっぷりの甘いパンケーキを食べてからまたチキンローフとポテトチップスに戻ったりして、時間をかけてブレックファストを楽しみます。

Time Schedule

＜前日までに＞
ガスパチョを作る
パンケーキの材料を計量しておく
フルーツバターを作ってお皿に詰めておく
紫オニオンケチャップを作る
チキンローフを焼く
ポテトチップスを作っておく

＜当日＞
パンケーキに添える生クリームをホイップしておく
パンケーキを焼く

Summer Breakfast

クラシックパンケーキ

ふんわりしてやわらかなパンケーキは
みんな大好き。
これは、食事系にもデザート系にも万能な
シンプル・イズ・ザ・ベストのレシピ。

■材料 φ10cmの型で23枚分

A
- 薄力粉 —— 190g
- 塩 —— 小さじ1/2
- 粉糖 —— 大さじ1
- ベーキングパウダー —— 小さじ4

B
- 卵 —— 2個
- 牛乳 —— 220cc
- 溶かしバター —— 65g

バター —— 分量外 》溶かしておく

■作り方
1 Aの材料を合わせてボウルにふるい入れる。
2 別のボウルで、Bを合わせておく。
3 2に1を入れ、生地を作る。
4 分量外の溶かしバターをパンケーキパンに少量注ぎ、一度濡れぶきんの上にのせてパンケーキパンの温度を下げてから生地を入れ、中弱火で表面がプツプツしてきたらひっくり返してよい色がつくまで焼く。好みのトッピングとソースでいただく。

★ストロベリーバター、ラズベリーバター、アプリコットバター

■3種のフルーツバターの作り方
無塩バターをホイップし、ゲランドの塩ひとつまみを加え、バター3：フルーツジャム（市販品）2を目安に合わせる。
今回はストロベリージャム、ラズベリージャム、アプリコットジャムを使用。
●無塩バターをベースにして、ディルを刻み入れたディルバターやレモンゼスト（皮のすりおろし）を入れたレモンバターも作れる。
この場合もゲランドの塩ひとつまみを加えて。
サンドウィッチのスプレッドとして、また魚のムニエル、蒸したじゃがいもなどに合わせてもおいしい。

左上/パンケーキに合わせるスウィーツ系のものはトレイに。ストロベリー、ラズベリーなどを入れたフルーツバター各種、メープルシロップ、ホイップクリーム、パンケーキの生地、粉糖（シュガーパウダー）などをまとめておくと取りやすい。
右上/焼き色はこんがりと。でも、焼きすぎるとパサつくのでご注意。
左/スモークサーモン、生ハム、トレビス、サラダ菜、クレソンなどの葉もの野菜は、盛り合わせて出す。各自好きなものを好きなようにパンケーキにトッピングして楽しんでもらう。

Summer Breakfast

パンケーキの食べ方いろいろ

パンケーキは合わせる具材によって、
ベーコンやソーセージなどの塩味なら食事代わり、
甘い味ならデザートやおやつとして食べられるので、
なるべく多様な食材を揃えて、
自由な組み合わせを楽しんでください。

1 パンケーキが小ぶりなので、うずら卵で目玉焼きを作り、市販のオリーブペースト、セルフィーユをのせる。小さめのセルクル型を使ってもきれいな形に焼ける。

2 パンケーキを2枚重ねて、スモークサーモン、サワークリーム、紫たまねぎの薄切りを水にさらして水気を切ったものをのせる。レモンのくし形切り、あればディルとポピーシードをあしらう。

3 パンケーキを2枚重ね、上にブルーベリーバター、ブルーベリー、ブラックベリーなどのベリー類をのせ、粉糖をふる。

4 好みのソーセージを焼き、紫オニオンケチャップ、マスタードを添える。パンケーキの上にベビーリーフを散らす。

5 パンケーキの上にキウイ、いちごを食べやすい大きさに切ってたっぷりと盛る。ホイップクリームを添え、チョコレートソースで飾る。

6 バナナを斜め一口大に切り、ベーコンとともにカリッと焼き目をつけるように焼き上げる。パンケーキの上にのせ、メープルシロップをかける。

Summer Breakfast

ガスパチョ

おいしそうなトマトをみつけたら、ぜひ作っていただきたい冷たいスープ。
完熟トマトを持ち帰ったら、日なたに並べてさらに追熟。もうぱつんぱつんで皮が割れてきそう！ というくらい
完熟したトマトで作るガスパチョが最高においしい。
熟し方がいまひとつというトマトしかない時には、味が安定しているプチトマトを使ってもよい。
ただし、プチトマトは皮がしっかりしているのでミキサーをかけたあとは必ずざるで漉しましょう。
ウォッカを少し入れると味が締まっておいしい。コツは前日に作って一晩ねかせること！

■材料 約900cc分

A
- 完熟トマト ── 1.1kg ≫種を取って、ざく切り。おいしいトマトを用意する。完熟がなければプチトマトやフルーツトマトを使ってもよい
- きゅうり ── 2本 ≫皮をむいて種を取りざく切り。飾り用に粗みじんにしたきゅうり、大さじ1をとっておく
- たまねぎ ── 1/8個 ≫乱切り
- にんじん ── 65g ≫乱切り
- 赤パプリカ ── 1/2個 ≫種を取って、乱切り
- にんにく ── 1/4個 ≫みじん切り

B
- オリーブオイル ── 大さじ1
- 白ワインビネガー ── 大さじ1
- レモン汁 ── 1/2個分
- 塩 ── ふたつまみ程度
- こしょう ── 少々

ウォッカ ── 好みで

■作り方

1 Aの材料をミキサーに入れ、なめらかになるまで回す。Bも入れて味を調える。香りづけ程度のウォッカを加えてもよい。
2 粗目のざるで漉す。
3 もう一度味を確かめて、必要であれば調味する。冷蔵庫で一晩ねかせる。
4 しっかり冷やしたガスパチョを冷やしたグラスにそそぐ。きゅうりの粗みじん切りを飾りに浮かべる。

● 時間がおいしくしてくれる料理なので、ガスパチョは必ず一晩ねかせて。
● 真夏には、できたガスパチョを一度冷凍して、半分くらい凍ったところをもう一度ミキサーに入れて回せば、フローズンガスパチョになる。

チキンローフと紫オニオンケチャップ

冷めてもおいしいチキンローフを追い求めて、どれほど試作をしたことでしょう。失敗の末、やっと満足したこのレシピは、ハワイで購入したニーマン・マーカスのレシピ本の中のTURKEY MEATLOAFを参考にして作ったもの。冷めてもしっとりしたリッチなチキンローフ、ぜひ作ってください。ピクニックなどに持っていき、その場でサンドウィッチを作ると喜ばれると思います。ハーブの香りが苦手な方は、少し加減してください。オニオンケチャップは、前もって作り、冷凍可。作りたてとそう色も変わらず、自然解凍ですぐ使えます。ローストチキンや、ハンバーグに添えても合います。

■材料 8～10人分
ロープ型 17×8×6cm 2台分
オリーブオイル —— 大さじ1
バター —— 大さじ1
たまねぎ —— 180g ≫ みじん切り
にんにく —— 大さじ1 ≫ みじん切り
A┃ドライタイム —— 小さじ1/2
　┃ドライオレガノ —— 小さじ1
　┃オールスパイス —— 小さじ1/2
生クリーム —— 200cc
塩 —— 小さじ1
B┃鶏ひき肉 —— 900g
　┃（鶏もも450g＋鶏むね450g）
　┃パン粉 —— 60g
　┃卵 —— 2個 ≫ 軽く混ぜておく
　┃パセリ —— 大さじ2 ≫ みじん切り
　┃ケチャップ —— 大さじ3
　┃粒マスタード —— 大さじ1
　┃こしょう —— 少々

■作り方
1 オリーブオイルとバターを火にかけ、中火でたまねぎとにんにくを3～4分透き通るまで炒める。Aのスパイス類と生クリームと塩を加え、沸騰させ、かき混ぜながら1/3量まで煮詰め、別のボウルに移して冷ましておく。
2 1が冷めたら、Bを加えてよく混ぜ、ローフ型にそれぞれ詰め、型を持ち上げてトントンと下に何度か落として中の空気を抜く。
3 180℃のオーブンで約30分＋10分＋10分、合計50分を目安に、途中天板の向きを変えながら、均等によい焼き色がつくまで焼く。

紫オニオンケチャップ

■材料 8～10人分
紫たまねぎ —— 100g ≫ 薄くスライスする
バルサミコ酢 —— 小さじ1
はちみつ —— 小さじ1/2
ケチャップ —— 60g
塩・こしょう —— 少々

■作り方
1 ケチャップと塩、こしょう以外を小鍋に入れて火にかけ、弱火で15分焦がさないよう火を入れる。
2 冷めたらフードプロセッサーに入れ、ピュレ状にして、ケチャップを加え、塩・こしょうで調味する。

ホームメイドポテトチップス

■材料 6～8人分
じゃがいも（男爵）—— 3個
揚げ油（キャノーラオイル、オリーブオイルなど好みのもので）—— 適量
ゲランドの塩（自然塩）—— 適量

■作り方
1 じゃがいもはよく洗い、芽が出ていたらしっかり取り除く。皮ごとスライサーでなるべく薄くスライスする。
2 ペーパータオルの上に並べて水気を取ってから、素揚げする。低温でしっかり揚げて、ゲランドの塩をふる。

● 鶏肉はもも肉とむね肉450gずつきっちりでなく、適当に合わせて900gでもOK。普段は、ひき肉を購入して作っているが、気合を入れて塊肉をたたくか、フードプロセッサーでミンチにして作れば、さらにおいしい。
● チキンローフはそのまま食べてもよいが、ライブレッドやバゲットと合わせてオープンサンドウィッチにしてもよい。ホームメイドポテトチップス、紫オニオンケチャップ、粒マスタード、クレソンを添えて。
● ポテトチップスは、乾燥剤（シリカゲル）を入れた保存容器で保存すること。

Summer Breakfast

白い食器を集めて

Table Setting

朝食なので、さわやかなテーブルを作ります。

今回のパーティの主役は、パンケーキパン。これをテーブルに置き、まわりを囲むように座るシェフズテーブルのスタイル。パンケーキだけでなく、ソーセージやうずらの卵なども焼けるので、これ一つでいろいろ楽しめます。せっかくなので、テーブルにのせるカセットコンロにもこだわりたい。食器は白や透明ガラスを集めてさわやかにまとめます。テーブルマットは汚れたら水拭きOKのチルウィッチを使ってカジュアルに。

●シルバートレイ　φ36.5cm／ジョージ ジャンセン
普段は、グラスやアイスバケツなど、お酒まわりのものを集めてこのトレイにのせておくことが多いが、今回はメープルシロップやホイップクリーム、フルーツバターやベリー類をグルーピングして。もう1枚の同じトレイには、直接プロシュートやリーフ類をのせてお皿として使用。2パターン、どちらもステンレスの反射がテーブルに華やぎを与えてくれる。

●白ミニボール　φ11×h5.8cm／THE CONRAN SHOP　ホイップクリームとベリーを入れた器
白い器は選ぶ時は慎重に。というのも、グレーベースの白やベージュをベースにした白など、一言で白とはくくりきれないバリエーションがあるから。この白の器たちはLSA、THE CONRAN SHOP、PANCOWとブランドもばらばら、買った時期もばらばらですが同じ色味の白を選んでいます。白い器を新たに買い足すときは、微妙なニュアンスが、手持ちのものとしっくりくるかを慎重にチェックして購入しましょう。

●ミルクピッチャー 白　φ7×h11cm
パンケーキの生地やチョコレートソースなど、濃度の濃い液体を入れる時には、ガラスのピッチャーではなく、中の見えない陶器がいい。使用中もきれいに見せたいから、細かい気配りは大事。

●白楕円のミニ皿　長径11cm／M-style
ストロベリーバターなどを入れた皿。何用の皿なのかよくわからないのですが、恵比寿三越のラ・クッチーナ・フェリーチェで購入。レバーパテなどを詰めたり、ただ、塩・こしょうを入れたりして使っています。濃厚なチョコレートムースを一口、なんていうときに使ってもよいのかも。アクセントになるこういう器を持っているとテーブルに変化がつく。

●ガラスの脚つきコンポート（p65）
φ30×h11.5cm／LSA
シンプルな脚つきガラスのコンポートは、一つ持っていると、オードブルをのせたり、マフィンや手作りのケーキをのせて楽しめる。適度な高さは、着席スタイルでも視線を妨げずに邪魔にならないし、もちろんビュッフェのテーブルではインパクトのあるプレゼンテーションに一役かってくれる。

●白ボート形のお皿　48×14.5×h7.5cm
／PANCOW BOTANY KOMAZAWA
ビュッフェのテーブルに、丸い皿ばかりが集まると、ちょっと、こんなボート形の皿を加えて動きを出したくなります。3種のサイズ展開があり、リーフ類を敷いて、チキンのサテなどを並べてもおさまりがよく、ケータリングでも活用。ただのグリーンサラダでも、トマトのパスタでも、この皿に盛ると新鮮にみえるから不思議。もちろん、着席の時のセンターに置くにも、この横長フォルムは場所をとらず、大変便利です。

●シルバーダラーパンケーキパン φ27cm／NORDIC WARE（ノルディック ウェア）
φ10cmのミニパンケーキが同時に7枚焼けるミニサイズだから、トッピングを変えて何枚も食べられるのがうれしい。このパンケーキパンでソーセージを焼いても、うずらの卵で目玉焼きを焼いても可愛い。
●カセットコンロ／IWATANI アモルフォ プレミアム
スタイリッシュなカセットコンロ。なにかと登場回数の多いカセットコンロは、洗練されたデザインのものを。

●カクテルグラス　φ11×h13cm／ツヴィーゼル・ブティック代官山
収納問題さえクリアできれば、ワイングラスの他に、こうしたカクテルグラスを持つことをおすすめします。ごく平凡なテーブルを、ちょっとおしゃれにしているのは、多分このグラスのおかげ。次はグリーンピースの冷製ポタージュを作ろうか？ かぼちゃのスープがいいかしら？　と楽しくなるグラスです。グラスもあらかじめ冷蔵庫で冷やしておけば、夏のおもてなしは完璧。

●白丸皿　φ27.5cm／LSA
リムのないつるんとした白皿は、ひとまわり小さい皿を重ねてもよいし、今回のように、グラスやリネンをのせても形が作りやすい。微妙にグレーがかった白皿は、上にのせる料理の色を引き立て、薄いグレーや黒のリネンとも当然なじみがよい。
●プレースマット　47.5×35.5cm／チルウィッチ
汚れても水拭きできるチルウィッチは、普段使いにはやはり便利。なかでも、今回使用したプレースマット ダーク ウォルナットは、適度なゴージャス感があり、おすすめ。どんな皿をも引き立てるこのシックな色合いは万能。
●ナチュラルカラーのリネン　44×65cm／fog linen work
本来はキッチンで使うリネンだけれども、たっぷりのサイズ感はナプキンとして膝にかけても安心感があってよいもの。リネンとカトラリーを結んだ紙に、元気の出る言葉をプリントして朝のパーティらしい演出をします。
たとえば、こんな言葉を……。
HOW'S IT GOING?／ENJOY YOUR MEAL!
RISE AND SHINE!／BRAND NEW DAY!

夏

Custom-made
「手作りウェディング」

ビュッフェスタイル

Wedding Party

手作りのウェディングパーティが増えています。
かしこまったホテルやレストランウェディングが苦手なカップルが作るオリジナルなパーティや、
お友達主催のサプライズ・パーティなど。
PARTY DESIGNにも時々ご依頼をいただき、お手伝いしていますが、
手作りウェディングは、温かい仕上がりが一生の思い出になると好評です。

Custom-made Wedding Party

手作りのパーティは
ずっと思い出に残る

<メニューカード>アクリル　7cm角×h1cm

<トルティーヤサンドウィッチをのせたアクリル>
アクリル　30×30×0.5cm×1枚／20×20×0.5cm×1枚
アクリルキューブ　4.0cm角×8個
サバーラップ／水野産業
カラペ／東急ハンズ

<ジェノベーゼパスタサラダ>
アクリル　40×40×0.5cm×1枚
アクリルキューブ　4.0cm角×4個
フードボックス・中　9.5×7.5×h8.5cm（底7.5×5.5cm）／CUOCA

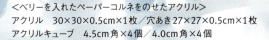

<ベリーを入れたペーパーコルネをのせたアクリル>
アクリル　30×30×0.5cm×1枚／穴あき27×27×0.5cm×1枚
アクリルキューブ　4.5cm角×4個／4.0cm角×4個

Theme

気持ちのよい季節は、ガーデンウェディング！
結婚式に身に着けると幸せになるというsomething blue の淡いブルーをテーマカラーにまとめてみました。
戸外のパーティに天気の心配はつきものですが、まずは風対策。
クロスには重りをつけて、布が風の影響を受けないよう工夫します。
フードも乾燥しないように包装します。また今回は、持ち運びのしやすいアクリルの板やキューブを
食器代わりに使い、グラスもプラスチック製のものを使って雰囲気を合わせてみました。
プラスチック製のシャンパングラスは安定感のよいものを選びます。
風が強い時には、使用前のグラスやナプキン類は、バスケットやボックスにひとまとめにしておくとよいでしょう。

Menu

ブルーポピーシードのウェディングケーキ
ジェノベーゼパスタサラダ
3種のチーズのブルスケッタ
トルティーヤサンドウィッチ
ペッパーハム＆サーモン
ペーパーコルネに入れたベリー

戸外のパーティは、食べやすいフィンガーフードが主役。乾きやすいブルスケッタは直前に作り、他のものは風に当たらないよう、ラッピングペーパーで包んだり、小さなボックスに詰めて並べます。ラッピングの紙、リボン、シール、アイシングクッキーの色など、ブルーの色みを合わせて全体の統一感をとります。ウェディングケーキは、ブルーポピーシードをたっぷり入れた生地に、クリームチーズやサワークリーム入りの濃厚なクリームを塗り、ハートのアイシングクッキーでデコレーション。歓声が上がること間違いなしです。

Time Schedule

<前日までに>
クッキーを焼いて、アイシングをする
ポピーシードケーキを焼く
ペーパーコルネを作っておく
基本のバジルソースを作っておく
パプリカを切っておく
トルティーヤサンドウィッチのロメインレタスを洗っておく
フェタチーズと生クリームを合わせておく
クリームチーズと粉糖を混ぜておく

<当日>
ケーキのデコレーションをする
トルティーヤサンドウィッチを巻く
パスタサラダを作ってboxに詰める
ブルスケッタを仕上げる
ベリーをペーパーコルネに入れる

アクリル板と
ペーパー素材を活用

食器代わりに透明アクリル板とキューブを組み合わせて台を作り、フードを盛ります。キューブで高さを出して、自由に積み上げられる透明アクリル板はセミナーの生徒さんたちにも人気。皆さん、ホームパーティで上手に使っていらっしゃいます。安定感を増すには、キューブの底に透明接着シールを貼っておくと安心。2枚のアクリル板の間に、好みの写真、カードをはさむこともできて、使い方は自由自在。あとは、市販のペーパーボックスを利用したり、カラペでトルティーヤサンドウィッチを包んだり、コルネ型に巻いた厚紙にベリーを入れたりとペーパー素材を活用します。

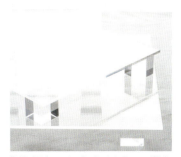

指紋が目立つのと、傷がつきやすいのが難点。セッティングの時は、手袋をしたほうが、後がラク。使用後は、やわらかいタオルを使って、汚れを洗い流す。アクリル板は、「アクリルショップ　はざいや」にて購入。好みの厚みとサイズにカットしてもらう。

プラスチック製で使いやすい。
シャンパングラス／mozaik
ワインクーラー／WINE MARKET PARTY

Custom-made Wedding Party

<ポピーシードのケーキをのせたアクリル>
アクリル　40×40×0.5cm×1枚
　　　　　30×30×0.5cm×1枚
　　　　　20×20×0.5cm×1枚
アクリルキューブ　4.0cm角×12個

ブルーポピーシードのウェディングケーキ

ブルーポピーシードのプチプチした食感が楽しいケーキ。
ウェディングの場合、ケーキは、パーティの最初から飾っておき、
最後に食べるものなので、耐久性を考えることが大事です。
どっしりした生地に、クリームチーズとサワークリームを入れた濃厚な仕上げ用のクリームは、
時間がたってもダレる心配がなく、移動中も安心なので、おすすめです。
焼き上がったら横半分に切り、クリームと季節のフルーツをはさんだり、上にたっぷりフルーツを飾って、
ポピーシードを散らしても可愛い。いろいろなアレンジを楽しんでください。

■材料 23×23cm型1台分
無塩バター —— 330g 常温にもどしておく
グラニュー糖 —— 360g
卵 —— 7個
バニラエッセンス —— 小さじ1・1/2

A
ベーキングパウダー —— 小さじ2・1/2
塩 —— 小さじ3/4
薄力粉 —— 470g 》合わせてふるっておく

牛乳 —— 240cc

B
レモンゼスト
（レモンの皮のすりおろし）1個分
オレンジゼスト（オレンジの皮のすりおろし）
—— 1/2個分
ライムゼスト（ライムの皮のすりおろし）
—— 1個分
ブルーポピーシード —— 60g

仕上げ用クリーム

C
クリームチーズ —— 200g 》常温に
もどしておく
粉糖 —— 大さじ2
サワークリーム —— 200g 》常温に
もどしておく

D
グラニュー糖 —— 小さじ2
生クリーム —— 200cc

■作り方
1 オーブンは180℃に予熱しておく。型に無塩バター（分量外）を薄く塗り、底と側面にオーブンペーパーを貼りつける。
2 ミキサーに、バターを入れ、中低速で、フワッとなるまで1～2分回す。
3～4回に分けてグラニュー糖を加え、卵を1つずつ入れ、入れるたびに回し、生地がなじんでフワフワになるまで混ぜ、バニラエッセンスを入れる。
3 2にBを加えて混ぜ、Aも加え、なめらかな状態になるまで混ぜ合わせる。
4 型に入れ40分程度、表面が金茶色になり、中心にしっかり火が入るまで焼く。

・仕上げ用クリーム
1 Cをボウルに入れ、混ぜ合わせる。
2 Dを合わせて八分立てにし、3回に分けて1に混ぜ合わせていく。ケーキの表面にデコレーションする。
● 季節のフルーツを上に飾っても、中にはさんでもよい。柑橘系のフルーツやベリー類が合う。

飾り用のクッキー
■材料 約4cmのハート型約30枚分
無塩バター —— 120g 》常温にもどしておく
粉糖 —— 70g
卵 —— 1個

A
塩 —— 2g
小麦粉 —— 300g
アーモンドパウダー —— 40g
》Aは合わせてふるっておく

■作り方
1 無塩バターに粉糖を加えて混ぜ、溶きほぐした卵も少しずつ加え、混ぜ合わせる。
2 1にAを加えて混ぜ、2等分にし、ラップに包み、冷蔵庫で3時間～一晩休ませる。
3 生地を約5mm厚さにのばして型で抜き、180℃のオーブンで10分焼き、冷ましておく。
★今回は、竹串を刺してクッキーを焼き、その後に竹串を抜いて、クリスタルピックを刺し直して、ケーキに飾る。

アイシング
■材料 40～50枚分

A
粉糖 —— 100g
乾燥卵白 —— 3g
水 —— 大さじ1程度

色粉 —— 青

■作り方
1 Aを混ぜ、スプーンですくいあげた時に、とろりと落ちるくらいのやわらかさに調整し、2等分にする。片方に青色粉を入れて好みの色に調整する。
2 1をそれぞれコルネに入れ、クッキーにアイシングする。

Custom-made Wedding Party

ジェノベーゼパスタサラダ

箱ものは開けた時に
インパクトのある具材を入れるのがポイント。

3種のチーズのブルスケッタ

ブルスケッタは立体的に作るのがコツ！

ジェノベーゼパスタサラダ

■材料 12人分（フードボックス12個分）
フジッリ ── 350g
赤パプリカ ── 1個 》細切り。厚みのあるところは多少そいで細切りにする
ドライトマト（大きめのもの）── 5枚 》十字にカットして、1枚を4つにしておく
オリーブ（ホールのまま）── 12粒
プロシュート ── 5枚 》食べやすい大きさにカットしておく
塩・こしょう ── 少々
バジルの葉 ── 12枚（飾り用）
レモン ── 1個 》12個のくし形切りにする
A｜基本のバジルソース ── 100cc
　｜酢 ── 大さじ1〜2
　｜マヨネーズ（ベストフード）── 大さじ1
　　》Aは混ぜておく

■作り方
1 フジッリは、袋の表示通りにゆでる。多少やわらかめがよい。水気をしっかり切って、Aでしっかり和え、パプリカ、ドライトマト、オリーブ、プロシュートを混ぜる。
2 味をみて、少し強めに塩・こしょうする。
3 箱に入れ、上から飾り用バジルをのせ、レモンのくし形切りを添える。

●基本のバジルソース

■材料 でき上がり約200cc
バジル ── 1パック（正味約20g。固い茎は捨て、飾り用の小さめのきれいな葉を12枚とっておくが、それ以外は全部使う）
にんにく ── 1片（約8g）》半分に切り、芽を取る
くるみ ── 大さじ山もり2 》ローストして、ざっくり刻む
パセリ ── 大さじ2 》みじん切り
パルミジャーノ ── 大さじ3 》おろす
塩 ── 小さじ1/2
こしょう ── 少々
EXヴァージン・オリーブオイル ── 100cc

■作り方
1 フードプロセッサーにすべて入れ、バジルソースを作る。でき上がりは約200cc。1回分に使うのは100ccなので、残りはファスナー付き保存袋に入れて冷凍保存する。

3種のチーズのブルスケッタ

●フェタチーズのブルスケッタ

■材料
A｜フェタチーズ ── 40g
　｜生クリーム ── 大さじ2
エシャロット ── 大さじ2 》みじん切り
こしょう ── 少々
青いプチトマト ── 適量 》1/2に切っておく
エディブル・フラワー白色パンジー（飾り用）── 6〜7個
バゲット ── 1/2本 》7mmスライス6〜8枚

■作り方
1 Aを混ぜなめらかにし、エシャロットとこしょうを加えて混ぜる。
2 1をバゲットに塗り、青いプチトマトを飾り、パンジーの花びらをクリームの中に押し込むようにして飾る。

●クリームチーズとりんごのブルスケッタ

■材料
A｜クリームチーズ ── 50g
　｜粉糖 ── 大さじ1/2 》混ぜておく
りんごジャム（市販品）── 適量
くるみ ── 適量 》ローストしておく
バゲット ── 1/2本 》7mmスライス6〜8枚

■作り方
1 Aを混ぜ合わせ、バゲットに塗り、りんごジャム、くるみを飾る。

●ブリーチーズとプロシュートのブルスケッタ

■材料
ブリーチーズ ── 適量
プロシュート ── 適量
オリーブ入りバゲット ── 1/2本 》7mmスライス6〜8枚

■作り方
1 オリーブ入りバゲットに、ブリーチーズをのせ、上にプロシュートをフワッと飾る。

ペーパーコルネに入れたベリー

ナッツなどを入れたり、ペーパーコルネはケータリングの常連。

トルティーヤサンドウィッチ ペッパーハム&サーモン

ラッピングするので、時間をおいても乾かずに便利。

ペーパーコルネに入れたベリー

■材料
ブルーの紙（マーメイド アイス色）
　12×13cm
オーブンペーパー　13.5×16.5cm
　──各10枚
シール　3×3cm ── 10枚
両面テープ ── 適量
ベリー（ストロベリー、ブルーベリー、ブラックベリーなど）── 各1パック
ミント ── 適量

■作り方
1　ブルーの紙でコルネ型を作り、両面テープを使い見えないところで固定する。
2　1の中に、オーブンペーパーを丸めて差し込み、シールでブルーの紙とオーブンペーパーをとめる。
3　2に、ベリーを彩りよく入れ、ミントを飾る。

●テーブルに置いてもアイキャッチになり、配るとパーティ気分が盛り上がる。ここでは、アクリル板に穴をあけたものを用意し、差し込んだが、プラスチックのシャンパングラスに入れてもよい。

トルティーヤサンドウィッチ ペッパーハム&サーモン　各5個

●ペッパーハム
■材料
トルティーヤの皮 ── 1枚（φ25cm）
ロメインレタス　大きめの葉2枚 ≫ 洗ってよく水気をふきとる
ペッパーハム ── 85g
クリームチーズ ── 7g
粒マスタード ── 5g

ラッピングペーパー（10個分）
サバーラップ（ワックス加工したペーパー）
　13.5×15.5cm
ブルーのカラペ　13.5×15.5cm
シール　5枚
サバーラップはワックス加工した薄紙で、耐油、耐水性があるので、カラペでトルティーヤを巻く前に一度包む。
シール

■作り方
1　トルティーヤを広げ、ロメインレタス2枚を左右逆に組ませて置く。ペッパーハムをのせ、粒マスタードを全体に塗り、手前から固く巻く。巻き終わりにクリームチーズを塗ってとめる。
2　これを5等分にカットし、それぞれを一度サバーラップで包み、ブルーのカラペでキャンディ包みにし、シールを貼る。

●サーモン
■材料
トルティーヤの皮 ── 1枚（φ25cm）
ロメインレタス ── 大きめの葉2枚 ≫ 洗ってよく水気をふきとる
スモークサーモン ── 60g
クリームチーズ ── 20g
ケイパー ── 8粒 ≫ しっかり水気を切っておく
ラッピングペーパー ── 左記参照

■作り方
1　トルティーヤを広げ、クリームチーズを全面に薄く塗り（巻き終わり部分にはしっかり塗る）、ロメインレタス2枚を左右逆に組ませて置く。スモークサーモンをのせ、ケイパーを全体に散らし、手前から固く巻く。巻き終わりをクリームチーズでとめる。
2　これを5等分にカットし、それぞれを一度サバーラップで包み、ブルーのカラペでキャンディ包みにし、シールを貼る。

●一口サイズのものは、パーティで喜ばれるポイント。トルティーヤでお腹いっぱいにしたくないので、皮は薄めのものを選ぶ。戸外やエアコンの風のあたるところに置く場合は、とくにラッピングペーパーで包む前に、サバーラップでかならず包んでおく。

秋

ビュッフェスタイル

Save Water
「ワインに溺れる」

「週末、うちに来る?」と気軽にいえる
ワインパーティのすすめ

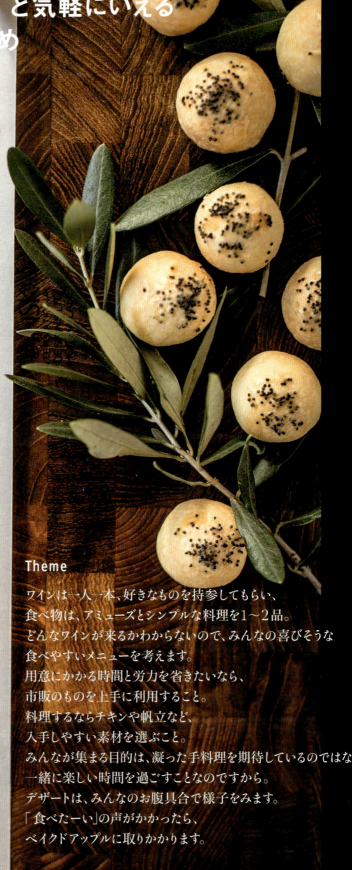

Save Water Drink Wine !

Rosemary
Flavored Nuts

*****

Olive Ball

*****

Cheese Tray
Stilton
Parmigiano
Brie
TÊTE DE MOINE

*****

Scallop Sebiche

*****

Herb Salad
with
Balsamic Dressing

*****

Lemon Chicken

*****

Baked Apple
with
Vanilla Ice Cream

Theme
ワインは一人一本、好きなものを持参してもらい、
食べ物は、アミューズとシンプルな料理を1〜2品。
どんなワインが来るかわからないので、みんなの喜びそうな
食べやすいメニューを考えます。
用意にかかる時間と労力を省きたいなら、
市販のものを上手に利用すること。
料理するならチキンや帆立など、
入手しやすい素材を選ぶこと。
みんなが集まる目的は、凝った手料理を期待しているのではな
一緒に楽しい時間を過ごすことなのですから。
デザートは、みんなのお腹具合で様子をみます。
「食べたーい」の声がかかったら、
ベイクドアップルに取りかかります。

Save Water Drink Wine!

Menu

アミューズ
シャルキュトリー／チーズの盛り合わせ
オリーブボール／ローズマリー・フレイバード・ナッツ

帆立のセビーチェ

ハーブサラダ バルサミコドレッシング

レモンチキン

ベイクドアップルとバニラアイスクリーム

アミューズは、まず生ハムやパテなどのシャルキュトリー、チーズやナッツ、オリーブなどを用意して、ワインと楽しんでいただきます。ナッツやオリーブはひと手間加えて差をつけましょう。ゲストが集まったら、冷やしておいたセビーチェや色よく焼きあがったレモンチキンを出し、ハーブサラダをその場で仕上げておすすめします。
一段落したら、デザートタイム。いただきものがあれば、そのまま出したり、季節のフルーツをこんがりとソテーして、熱々のうちにバニラアイスクリームを添えた一皿は、誰もが喜ぶクイックデザート。もっと飲みたい、という人たちのために、デザートワインとスティルトンチーズを用意するのはうちの定番です。

Time Schedule

＜前日までに＞
ローズマリー・フレイバード・ナッツと
オリーブボールを作る
バルサミコドレッシングを作る
レモンチキンの鶏肉とレモンをカットしておく

＜当日＞
セビーチェを作る
葉ものを洗って水気を拭いておく
レモンチキンの準備をする
料理をお皿に盛る

＜直前＞
レモンチキンを焼いてテーブルへ
希望があれば
焼きりんごを作る
アイスクリームを添えて出す

Amuse

シャルキュトリー

チーズの盛り合わせ

ローズマリー・フレイバード・ナッツ

オリーブボール

Save Water Drink Wine!

シャルキュトリー

生ハムやサラミ、パテなど、市販の加工肉製品を使うと便利。こういうものは盛りつけ方でぐっと印象が変わるので、ちょっと気を使いたい。生ハムは1枚ずつふわりと巻き、サラミは二つ折りして立体的に盛りつけ、上にローズマリーの枝を何本かあしらう。ハーブやリーフ類を添えると盛りつけに立体感が加わるので、かならず用意して。

パン

パーティセミナーで「ホームパーティの当日用のバゲットはどう調達したらよい？ 当日は準備に忙しいし、買いに走る暇はないし……」といった質問を受けることがよくあります。バゲットは、買ってすぐ冷凍が鉄則。
前日に買って、買ったその日のうちに保存用のビニール袋に入れて冷凍、そして使う1〜2時間前に出して常温で解凍。これで、皮はパリパリ、中はふんわりの買ったばかりのバゲットに戻る。ただし、パン類は、冷凍庫の匂いを吸うので、長期保存はNG。4〜5日前までに買って冷凍保存するなら問題なし。

チーズの盛り合わせ

チーズは味、香り、食感、いろいろを取り合わせて楽しみたい。今回用意したのは、ブリー、テット・ド・モアンヌ、パルミジャーノ、スティルトンの4種。
ソフト系、セミハード系、ハード系、ブルー系を組み合わせています。シェーブル系は好みの分かれるところ。通好みが集まる場には用意します。上質のコンテや熟成のすすんだミモレット、ゴルゴンゾーラ・ドルチェもおすすめ。高脂肪で食べるのをためらってしまうけれど、ブリア・サバランはシャンパーニュにはぴったり。チーズは、フレッシュフルーツやドライフルーツ、ナッツやはちみつとの相性を試しながら食べるのも楽しい。

ローズマリー・フレイバード・ナッツ

ナッツ類をローストして、熱いうちに溶かしバターをジュッと加え、ローズマリー、塩とスパイス、ブラウンシュガー、揚げたエシャロットとにんにくを混ぜ合わせる。このレシピが知りたくて、セミナーにいらした生徒さんがいるくらい魅惑的な味。

■ 材料 10〜12人分
生カシューナッツ、生くるみ、生ピーカンナッツ —— 各100g
オリーブオイル —— 適量
エシャロット —— 小1個 》縦に薄くスライス
にんにく —— 大1片 》縦に薄くスライス
ローズマリー —— 2枝 》葉だけをみじん切り
溶かしバター —— 15g
A │ カイエンペッパー —— 小さじ1/8
　│ ブラウンシュガー —— 大さじ1/2
　│ 塩 —— 大さじ1/2
　│ 》Aは合わせてよく混ぜておく

■ 作り方
1 フライパンにオリーブオイルを入れて中火にかけ、エシャロットとにんにくを入れて、黄金色になるまでカリカリに揚げる。ペーパーにとり、油を切っておく。
2 オーブンを180℃に予熱し、オーブンシートを敷いた天板にナッツを重ならないように並べ、いい香りがするまで12〜15分ローストする。焼きむらがないよう、天板の向きを時々変えながら焼く。
3 ローストしたナッツをボウルへ移し、熱いうちに溶かしバターを回しかけ、ローズマリーを入れ、Aを加えて、よく混ぜる。
冷めるまで、時々ヘラで返してよく混ぜる。
4 1を合わせてでき上がり。

オリーブボール

オリーブを芯にパルミジャーノ入りの生地で包んでオーブンで焼いた一品。オリーブの葉の上にコロコロと置かれた姿が可愛くて人気。

■ 材料 30個分
オリーブ（種入り）—— 30粒
（2.5cmくらいのオリーブを使用）
パルメザンチーズ（粉）—— 75g
無塩バター —— 60g 》あらかじめ小さく切って冷やしておく
小麦粉 —— 100g
塩 —— ひとつまみ
カイエンペッパー —— 少々
卵黄 —— 1個 》大さじ1の水とよく混ぜておく
ポピーシード —— 小さじ1（仕上げ用）

■ 作り方
1 オリーブの水気をペーパーでふき取っておく。
2 パルメザンチーズ、バター、小麦粉、塩、カイエンペッパーをフードプロセッサーに入れて混ぜる。全体がよく混ざったらボウルにあけ、ひとかたまりになるまで手でまとめる。
3 2を30等分（ひとつ約8g）し、できるだけ薄く均等にオリーブを包む。オリーブみたいな形に仕上げると可愛い。ベーキングシートを敷いた天板に置き、冷蔵庫で30分、固くなるまで休ませる。
4 卵黄を溶きほぐし、3に塗ってポピーシードをまぶし、180〜190℃のオーブンで約20分、色づくまで焼く。

Save Water Drink Wine!

レモンチキン

鶏肉の料理ですが、実は一緒に焼いたたまねぎとレモンもごちそう。レモンは皮ごと食べるので、できれば国産の防腐剤やワックスのかかっていないものを選びたい。焼きたてはもちろん、冷めてもおいしい。残ったら、サンドウィッチにはさんでもよい。

■材料 4〜5人分
鶏もも肉 —— 3枚（750gくらい）
  》7〜8cmの大きさにカットする
オリーブオイル —— 45cc
たまねぎ —— 2個 》4〜5mm厚さの薄切り
レモン（飾り用）—— 1個 》5mm厚さの薄切り
レモン（絞り用）—— 1/2個
にんにく —— 大2片 》3mm厚さの薄切り
生タイム —— 8枝
スープ —— 360cc
  （固形キューブ1＋水360ccでもOK）
強力粉、塩、こしょう —— 各適量

■作り方
1 オーブンを190℃に予熱しておく。カットした鶏肉は塩、こしょうし、強力粉をまぶす。フライパンにオリーブオイルを入れ、両面（皮のほうから）強火でしっかりソテーして表面がきつね色になるまで焼く。パエリア鍋など、オーブンに入れられる鍋に移す。この時点で、鶏肉に完全に火が通っていなくてもOK。
2 フライパンの油をざっと拭き、オリーブオイルを少し足して（分量外）、たまねぎとにんにくを弱火で15分、たまねぎがやわらかく薄茶色になるまでソテーする。スープを加え、とろ火で10〜15分煮る。
3 1の鶏肉の上に2をのせ、飾り用のレモンの薄切りを並べ、残りのレモンを上から絞って、タイムの枝を飾り、アルミホイルをかけて190℃のオーブンで10分、ホイルをはずして、下にたまっている汁を回しかけ40〜45分焼く。20分ごとに汁を回しかけながら焼きあげる。ちょっとレモンが焦げるくらいの感じがおいしい。

帆立のセビーチェ

魚介のパーティメニューは、入手しやすい帆立貝や海老などを使うのがおすすめ。セビーチェは簡単にできるのでパーティメニューのリストに入れておくと便利です。

ハーブサラダ バルサミコドレッシング

葉ものは、好みのものを取り合わせていいが、ロメインレタス、トレビスなどはパリッとした状態が保てるので入れたい。

帆立のセビーチェ

■材料　4～5人分

帆立貝柱（生食用）——200～250g

A|
- ハラペーニョ（酢漬けを使用）—— 小さじ1 》縦半分に切って種を取り除きみじん切り
- コリアンダー —— 小さじ1 》みじん切り
- 塩 —— 小さじ1/3
- 生姜 —— 小さじ1 》みじん切り
- ライムの皮 —— 1個分 》すりおろし
- 紫たまねぎ —— 1/4個 》みじん切り

ライム汁 —— 1個分

飾り用コリアンダー —— 適量

■作り方

1 帆立貝柱は固いところを除き、5～6mm厚さに横にスライスする。Aと混ぜ、ライム汁をかけて混ぜる。ラップして冷蔵庫で30分なじませる。

2 1にコリアンダーの葉を飾る。彩りにプチトマトの角切りを飾ってもよい。食べる時にオリーブオイルをかけてもおいしい。マリネして作り置きもできるが、紫たまねぎは変色するので時間をおく時は食べる直前に加える。

ハーブサラダ バルサミコドレッシング

■材料　4～5人分

ロメインレタス、ベビーリーフ、クレソン、トレビス、水菜、サニーレタス、グリーンカールなどお好みのハーブや葉ものを数種類まぜて —— 適量

ピーカンナッツ —— 適量 》ローストする

・バルサミコドレッシング

ディジョンマスタード —— 7g

にんにく —— 1片 》みじん切り

バルサミコ酢 —— 80cc

キャノーラオイル —— 80cc

オリーブオイル —— 80cc

ハーブ（ローズマリーとバジル）—— 大さじ1 》2種類混ぜてみじん切り

塩・こしょう —— 各適量

■作り方

1 葉ものは洗ってよく水気を切っておく。

2 ドレッシングはまずオイル以外をよく混ぜ、あとからオイルを加え、よく混ぜて乳化させ、食べる直前に1と和える。ピーカンナッツをトッピングする。

Save Water Drink Wine!

ベイクドアップルとバニラアイスクリーム

買い置きのフルーツとアイスクリームですぐに作れるデザート。
今回はりんごですが、洋梨や桃などでもおいしい。

■材料 4人分
りんご ── 2個 》皮付きのまま1つを16等分のくし形に切っておく
バター ── 20g
グラニュー糖 ── 60g
ブランデー ── 大さじ1
レモン汁 ── 小さじ1
バニラアイスクリーム ── 適量

■作り方
1 フライパンにバターを溶かし、グラニュー糖を加えキャラメルを作る。最初、薄茶色になるまでは強火にかけ、色がついたらりんごを加え、からめながらりんごがしんなりして、表面が茶色くなるまでフライパンをゆすりながらキャラメリゼする。
2 ブランデー、レモン汁を加え、火を止める。
皿に盛り、熱々のりんごの脇に、バニラアイスクリームを添える。

ワインのセレクト

ワインは好きだけれど、どれを選んだらよいかわからないという話はよく聞きますが、私はプロの意見を参考にしています。よく行くワインショップで「今晩は、アクアパッツァの予定だけど、スパークリングでおすすめは？ 予算は3000円以下で」など、ワインに関して素人の私は、こんなふうに買い物をしています。

ワインはそもそも、好みのものだから、コレッ！っていうお気に入りがあればいつも同じブランドでもよいのだけれど、料理とぴったりマッチングした時のおいしさはまた格別なので、プロのアドバイスは貴重です。

「好きな生産者、好きなぶどうの品種を基準にして好みをみつけていくのもひとつの方法」とは、ワインメーカーでもある義弟からのアドバイス。

今回は、義弟がニュージーランドで造るKOYAMAワインに加えて、特にコストパフォーマンスのよいワインを数本集めてみました。

ワインをもって行く時の参考にしていただければ……。

MONTES ALPHA　SPARKLING ANGEL
750ml ¥2,000台（税込）人気のチリワインの泡バージョン。飲み口爽やかながらしっかりとした味わい。

MONTES ALPHA　Cabernet Sauvignon
750ml ¥2,000台（税込）コストパフォーマンスのよいチリワイン。ホームパーティでよくみかけるワインでは？ 私の周りでも愛飲者多し。

OLIVIER LEFLAIVE　Bourgogne
¥2,000台（税込）「高品質のワインを安定して造っている」と義弟のおすすめ。酸味がしっかりしているので、お刺身や魚介のフリットなどに。

PROYECTO CU4TRO BUBBLES CAVA
750ml ¥2,000台（税込）キレがよく、華やかなCAVA。同種のピンクのパッケージCU4TRO SAKURAはお花見や女子会にもおすすめ。

KOYAMA　Williams' Vineyard Pinot Noir
750ml ¥7,500（税込）酸味や果実味すべてのバランスがよい華やかなピノ・ノアール。

KOYAMA　Tussock Terrace Vineyard Noble Riesling（貴腐ワイン）375ml ¥5,000（税込）これとスティルトン（ブルーチーズ）は、私の鉄板手土産！ お酒をあまり飲まない方も、甘いワインは好き、という人は多いから。

Save Water Drink Wine!

ナチュラルなテイストで

ワインパーティの時は、ガラスとウッドでナチュラルにまとめます。この組み合わせはオールシーズンに対応できるので、ワインパーティはこれで、と決めておくと迷わないですみます。

Table Setting

乾燥の気になるパンやシャルキュトリーは、ガラスのドームに入れます。
こういったフォルムに特徴のある器は単品だと使いづらいので、ガラスのコンポートとドームは、大小2つずつセットで持っています。
サイズ違いを一緒に使うと、コーディネートにまとまりが生まれます。グラスはシャンパーニュ、白ワインに対応できるものと赤ワイン用の2種類を用意します。ビュッフェには、ペーパーナプキンを用意しますが、シンプルで、テーブルの邪魔をしない好みのものを探すのはなかなか難しいものです。
今回は Save Water Drink Wine! と印字されたナプキンを使用。
こういうユーモアがお客様たちの気持ちをほぐし、さらになごやかな雰囲気になるのもパーティには大切なことだと思います。

ワイングラスの種類はたくさんあるけれど、シャンパーニュ、白ワインどちらにも使えるグラス1種と、赤ワイン（ボルドー）用グラス1種を愛用している。シンプルな美しいデザイン、ワインの香りと味わいを堪能できる機能性と、強度性を備えたグラス。
手前／VINAO　奥／TOP TEN 廃番　どちらもツヴィーゼル・ブティック代官山

●ガラスフード付きウッドプレート&ガラスコンポート（プロシュート、ナッツ、パンなどを入れたもの）
フード付き食器は、食品の乾燥を防ぎ、パンもあらかじめ盛っておけるので便利。ビュッフェのテーブルに高さを出す効果もあり、遅れてくるゲスト用に一人分の料理を取り分けておくのにも使える。
普段は、フルーツや、松ぼっくり、キャンドルなどを入れて部屋のインテリアとして使用。ガラスドーム＋ウッドプレート　φ20.5×h21.5cm　φ26×h23cm　／　PANCOW BOTANY KOMAZAWA
ガラスフード＋ガラスコンポート　φ16.5×h25cm　／東京堂　φ13.2×h23cm　／　PANCOW BOTANY KOMAZAWA

●ウッドボード（メニューカードを置いたボード）
肉汁をうけるための溝が周りに彫ってあるので、本来、肉をカットするためのウッドボード。今回は、ボード全体を使ってチーズをのせたかったので裏返して利用。木目の美しいウッドボードは、テーブルに趣をプラスしてくれる。
43.5×29.5×h2.2cm　／　DANSK

●セビーチェを盛ったガラス皿
30×9.5cm　／ラグーン　ツヴィーゼル・ブティック代官山
細長い皿は、場所を取らないので使いやすい。セットで使えるボウルも販売されているので、持っていると便利。

●パエリア鍋　　φ30cm
なにかと出番の多いパエリア鍋。
実際、パエリアを作るより、レモンチキンやグラタン皿として使うことが多い。表面積が大きいので見た目のインパクトもあるし、カリカリッと焼けたおいしい部分がたくさん取れるのもうれしい。厚みがない分、調理時間を短縮でき、シンプルなデザインなので、テーブルにそのまま出すこともできる。

着席スタイル

秋の日本酒を楽しむ夕べ

実りの秋。さまざまな食材が出回り、
冷やおろしなどの日本酒もおいしくなる季節です。
そんな時は、少人数で、ホストも席を立たずに
ゆっくりと楽しめるメニューを考えます。
花の代わりに食べられるセンターピースを作り、
落ち葉のようなヴェジチップスや竹炭豆をつまみながら飲み始め、
一段落したら、七輪に火を入れて、野菜を焼きながらいただきます。

秋の日本酒を楽しむ夕べ

実りの秋と
冷やおろしをゆるりと

Theme

「ホストも席を立たずにゲストとゆったり
日本酒とおしゃべりを楽しむ」がテーマ。
遠目には、枝もののアレンジメントのように見えて、
席に着くと、銀杏、焼き栗など秋の実ものが
レモンの枝に見え隠れしている、というサプライズ。
座ればすぐ飲み始められるセッティングです。
また、ぐっと寒くなり火が恋しくなる季節です。
卓上の小さな七輪で炭の様子を見つつ、
焼き鳥を温めたり、
旬の野菜を焼きながらいただくのは楽しい。
食後のお茶のお供も大福や干しいもを焼いて。

Table Setting

簡単な料理でも、テーブルを素敵に見せるには、セッティングに一工夫すること。全体の色を絞ってテーブルを作るのは、洋風のセッティングと変わりませんが、グレー、グリーンなど和食ならではの微妙な色みを加えます。クロスは濃紺のリネン。真ん中に食べられるセンターピースを配置します。
それぞれに楕円のトレイを折敷代わりに置き、取り皿と酒器、お箸をセットします。センターに、黒漆の台皿5枚をランダムに並べ、レモンの枝をあしらって仕上げます。セッティングは、メジャーを使いきっちり測って物を置いていくのが基本。センターピースは、テーブルの真ん中に。折敷もきちんと向かい合わせに置きたいから、テーブル端からの距離を測って置きます。手前は端から指2本分のスペースをあけて置く。あるべき場所に物を置くことを意識することで、何も置かないスペースが美しく生きてきます。

Menu

ヴェジチップス、塩炒り銀杏、焼き栗、竹炭豆、
野菜と焼き鳥の炭火焼き
焼き鯖寿司
焼き大福

ホストが席を立たずに食事を進められるようなメニュー。塩炒り銀杏や焼き栗、竹炭豆、ヴェジチップスをつまみながら食事をはじめ、頃合いをみて七輪で野菜を焼き、焼き鳥を温め、市販の焼き鯖寿司で締める。料理というほどのことをしなくてもおもてなしの気持ちは伝わります。

食べられるセンターピースの作り方

秋、もみじなど色とりどりの落ち葉が庭石の上に落ちていた風景を思い出し、それをテーブルに再現してみました。
ポイントは、動きのある枝を選んで中高(なかだか)に活けること。
食べ物と一緒に合わせる枝ものは柑橘類や紅葉した柿の枝など、毒性のないものを。また、数時間きれいなままの葉を楽しみたいので、笹やもみじなどの薄い葉は持ちが悪いので向きません。

■作り方
1 黒漆の台皿を5枚ランダムに並べる。レモンの枝を交互にまわりにあしらっていく。
2 台皿に塩炒りの銀杏、竹炭豆をのせる。焼き栗もミックスしながら散らす。仕上げに紫いもやさつまいものヴェジチップスを。ヒラヒラっとしたカラフルなヴェジチップスをあしらうと、途端にテーブルに動きが出て華やかさが増す。

Time Schedule

＜前日までに＞
ヴェジチップスを作る
お酒を冷やす

＜当日＞
塩炒り銀杏を作る
焼き栗を作る
焼き物の用意
食べられるセンターピースを作る

秋の日本酒を楽しむ夕べ

ヴェジチップス

野菜をスライサーで薄く均一に切り、からりと揚げる。
しっかり水分を飛ばすように揚げ、
きちんと保管をしておけば、数日前に作っても大丈夫。

焼き物各種

本格的な料理をするというより、エリンギ、ししとう、れんこんなど
火が通りやすい素材をさっと焼いて、おいしい塩と柚子で食べる。
熱くした網に、一度サラダオイルを塗ってから焼くのがコツ。

ヴェジチップス

■材料 作りやすい分量
さつまいも —— 1/2本 » スライサーで薄切り
紫いも —— 1/2本 » スライサーで薄切り
サラダオイル —— 適量
塩 —— 少々

■作り方
スライサーで薄切りにしたさつまいも、紫いもを、サラダオイルで揚げて、軽く塩をふる。前もって作る場合は、密閉容器にシリカゲルなどの乾燥剤を入れて保管する。この他、れんこんも同様に薄切りにして揚げるとおいしい。

塩炒り銀杏

■材料 作りやすい分量
銀杏 —— 100g
塩 —— 10g（小さじ2）
水 —— 100cc

■作り方
銀杏の殻をペンチで割り、一部開けた状態にする。水と塩と銀杏を小鍋に入れて強火にかける。そのままゆすりながら水分がなくなるまで炒る。

焼き栗

自分で作ってもいいし、市販の甘栗でも。

■材料 作りやすい分量
栗 —— 10個

■作り方
生栗に縦に切れ目を入れ、200℃のオーブンで約20分焼く。

竹炭豆

竹炭粉入りの衣で落花生を包んだ、香ばしい豆菓子。お茶請けはもちろん、お酒のおつまみにも合うピリ辛味。漆黒の豆が「食べられるセンターピース」全体を引き締める。／富澤商店

焼き大福

七輪で焼くのがおすすめ。
食後の炭火が落ち着いた頃に焼くとよいでしょう。
この他、干しいもを焼いてもいい。

焼き鯖寿司

鯖寿司は福井のもの。
厚めの鯖と程よい酢加減、手頃な大きさが気に入っています。
また、日持ちがするので前日に買っておけるのも便利です。

焼き物各種

■材料 2人分

エリンギ —— 2本 » 食べやすい大きさに裂く
ししとう —— 4本 » 包丁の刃先で3〜4か所穴を開けておく
れんこん —— 輪切り4枚 » 皮をむいて、7mm厚さに
塩味の焼き鳥（市販品）—— 4本
柚子 —— 適量
塩 —— 適量

■作り方

1 ガスコンロで火をつけた備長炭を七輪に入れ、網が熱くなったらサラダオイル（分量外）を塗り、網に食材をのせて、程よく焼く。

2 おいしい塩と柚子を絞っていただく。焼き鳥は、備長炭で温めるとおいしい。好みで七味をふって食べる。

大福を焼く場合は、購入した当日のものではなく、少し固くなったものを焼きます。使用したのは岡埜栄泉の大福。食べごたえのある大きさと、甘すぎない上品な餡と豆との絶妙なバランスが好みです。

使用した七輪はオーソドックスな飛騨コンロ。備長炭を使用。

若廣の焼き鯖寿司

若狭の「浜焼き鯖」は鯖を開いて焼き串に通し、直火で焼いた昔からの逸品です。その後、冷めてもおいしく食べられるので考案された「焼き鯖寿司」。福井県産コシヒカリのシャリとの間にはさまれたガリと大葉が絶妙な味わいを醸し出しています。

秋の日本酒を楽しむ夕べ

艶ありの和食器を使う

和食器の使い方は難しいと思う方も多いでしょうが、
「折敷で遊ぶ」でもご紹介したように、テーブルマットの代わりに折敷やトレイに、
取り皿や酒器をまとめれば、陶器、漆、ガラスなど多種の素材が混じっても違和感を感じません。
洋服のコーディネートと同じようにメニューのパターンをいくつか決め、
それに合った器や折敷とのコーディネートを考えておけば毎回悩まずにすみます。

浜娘（赤武酒造）。燗酒コンテスト金賞受賞、ワイングラスでおいしい日本酒アワード金賞受賞。岩手県大槌町の赤武酒造さんは東日本大震災で、酒蔵、会社すべてを失い、現在は盛岡復活蔵で酒造りをしている。
赤武酒造　http://www.akabu1.com
比較的しっかりした味の、非常に飲みやすいお酒。「浜娘」純米酒、純米吟醸酒がすすめ。

好きな日本酒

浜娘は普段用に、〆張鶴はお刺身やお寿司などの生魚に合わせてと、何種かの日本酒を使い分けています。ワイングラスやガラスのぐい呑みなど酒器も気分によって自由に楽しんで。

●センターピースに使ったアンティークの黒漆の台皿。おつまみや、お菓子をのせて。
φ12.6cm／福光屋

●取り皿　染付五寸皿　白　輪花紋
φ15cm／HIGASHIYA

●焼き物皿　11×28.5cm／Second Spice（セカンド スパイス）京都　どっしりした長皿は存在感があり、お刺身でもお寿司でも、漬物を盛り合わせても、高級感ある一品に仕上がる。

●八角箸／大黒屋
箸は、毎日使うものなのでこだわりたい。握り心地、使いやすさとシルエットの美しさに満足。

●銀色の盃　山本哲也作／Second Spice 京都　和食器もどこかに艶を取り入れたい。今回は京都セカンドスパイスで購入した銀彩の盃を使い、華やかさを。本来は酒器だけど、少量の牛肉のたたきや、菊花の酢の物などを入れて使うことも。

●楕円トレイ　44×22.5cm／BUNACO
今回はトレイを折敷として使用したが、直接お寿司を盛って、皿として使ったり、お茶の道具をまとめて置くお盆としても使える。BUNACOの製品は耐水性にもすぐれ、扱いやすく、乾燥による狂いもないので、日常使いとしておすすめ。いろいろなシリーズがある中、ブラックシリーズを愛用。ボウルもシャープな形が気に入ってサイズ違いを3種揃えている。

●焼き物、れんこんなどをのせた皿　φ26cm　φ20cm／JARS　チェリーテラス・代官山
お皿は、白、黒、ガラス、シルバーをベーシックに揃えているが、珍しく色で遊びたくなり、アボカドとオーベルジンとサモアを2枚ずつ購入。3色の皿に同じパスタを盛ると、驚くほど印象が違う。中でも秀逸なのは、和でも洋にでも使えて、手持ちの黒っぽいお皿ともなじみのよいサモア。普通のもの、たとえば目玉焼きとトーストでさえ、サモアにのせるとなぜかおしゃれに見える。

●梅の形の銀皿大小（大福をのせた皿）
φ16.6cm　φ10.8cm／J.PERIOD

●湯呑茶碗　φ8×h7cm／LIVING MOTIF

●茶托はBUNACO
φ12cm　豆皿を茶托代わりに使用

天祈り
ラベルが目をひく「天祈り」。アーティスト・山本修路さんと、鳩正宗のプロジェクトで、青森のお米を市民とともに田植えから稲刈り、仕込みまで行った純米吟醸酒。
日本酒を冷やすクーラーは、なかなかぴったりのものが探せないので、手持ちの植木鉢カバーを日本酒クーラーとして使用。

福小町　秋ならではの冷やおろし。／木村酒造
〆張鶴　一升瓶は迫力があってパーティ向き。
／宮尾酒造株式会社

ビュッフェスタイル

Christmas Marché
「クリスマス・マルシェ」

年に一度のこの季節は「クリスマス・マルシェ」のパーティ。
「クリスマス・マルシェ」はドイツを中心に中世から続くヨーロッパの伝統的なお祭り。
クリスマスデコレーションに彩られた広場で、人々がグリューワインを片手に雑貨やお菓子を求めてそぞろ歩く、
そんな風景をイメージしたクリスマスを楽しんでいただきたいと思います。

グリューワインはドイツ語。温めたワインにスパイスなどで風味をつけた飲み物。フランスではヴァンショー、英語はホットワインと呼ぶ。

Christmas Marché
クリスマスを楽しむ優雅な時間

クリスマス・マルシェの雰囲気漂うお菓子と温かいドリンクを用意し、印象に残るパーティに。これだけでティー・パーティをしてもよいのですが、今回はボリュームアップしてディナーバージョンを。クリスマスならではのピラフを詰めたローストチキン、フォアグラムースをのせたブルスケッタとサラダを加えたホリデーメニューをご紹介します。

Menu

ブレッドプディング
キャラメルウィスキーソース
ルグラ
チョコレートクリスピー
ヴァンショー
スパイシーショコラショー
ローストチキン ガーリックピラフ詰め
クイック フォアグラムースのブルスケッタ
柿といちじく、クレソンのサラダ

Theme

年末の忙しい時ですが、クリスマスはやはり特別なイベント。緑とシルバーの大人なクリスマスのテーブルセッティングに、クリスマスならではのお菓子と温かい飲みものを用意して、クリスマス・マルシェのパーティを開きます。

Table Setting

赤、緑、白がクリスマスカラーですが、あえて赤をはずし緑とシルバーで大人っぽいシックなクリスマステーブルを作ります。グリーンは香りのよいひばやブルーアイスなどの針葉樹の枝をたっぷりと盛り込みます。器は黒、ガラス、シルバーを使います。また、ここでは食器以外のものを使ってテーブルを作るアイデアをご紹介します。ボリュームたっぷりに活けたグリーンの花器代わりにしたのは、大きなシャンパンクーラー。高さとボリュームを出して、クリスマスツリー代わりのアイキャッチを作ります。

周囲にはクリスマスらしい雑貨を並べて。お菓子や雑貨を盛った素朴な器は、実はガーデングッズ。素材は木やアルミなので、軽くて扱いもラクです。これに青い姫りんごや、シルバーのスプレーを半分ほどかけた松ぼっくり、オーナメントやカードを飾ります。料理にも器以外のものを使っています。ヴァンショー、ショコラショーなどをのせたのは切りっぱなしの大理石。ローストチキンは一緒に焼いた紫たまねぎを盛り、さらにローズマリーの枝をたっぷりあしらうことで全体の雰囲気となじませます。

Time Schedule

＜前日までに＞
ルグラを焼く
キャラメルウィスキーソースを作る
チョコレートクリスピーを作る
サラダのドレッシングを作っておく
チキンをマリネしておく
ブルスケッタ用のバゲットを焼いておく
ブレッドプディング用のバゲットをカットして焼いておく

＜当日＞
ガーリックピラフを作りチキンに詰めて、オーブンへ
葉ものを洗って水気をふいておく
柿といちじくをカットする
ヴァンショー、ショコラショーの用意をする
フォアグラムースを作る／プディングを作る

＜直前＞
料理をテーブルへ
ブルスケッタを作る
サラダを仕上げる
チキンをサーブする

Christmas Marché

柿といちじく、クレソンのサラダ

前菜代わりにもなるフルーツとクレソンのサラダ。
柿は少し固めのものを選びパリパリした食感を楽しみたい。

クイック フォアグラムースのブルスケッタ

市販のフォアグラパテにちょっと手を加えて
ふんわりしたフォアグラムースに。

柿といちじく、クレソンのサラダ

■材料 6人分
柿（種なし）—— 2個
いちじく —— 3個
クレソン —— 4束
A ┃ 黒胡麻ペースト —— 大さじ2
　┃ しょうゆ —— 15cc
　┃ 酢 —— 15cc
　┃ ごま油 —— 15cc
　┃ サラダオイル —— 30cc
》Aは混ぜ合わせておく

■作り方
1 Aを混ぜてドレッシングを作っておく。
2 柿、いちじくは食べやすいサイズにくし形切りにし、クレソンは洗って葉先を摘む。クレソンの水気をよくとって、皿に並べ、柿といちじくをのせて、1のドレッシングをかける。

クイック フォアグラムースのブルスケッタ

■材料 12〜15個分
フォアグラパテ
　（ジェンセン社製品）—— 1缶（80g）
生クリーム（脂肪分35％）—— 100cc
ブランデー —— 小さじ1
バゲット —— 1/2本
ポワブルロゼ（ピンクペッパー）—— 少々
》軽く指でつまんでくずしてのせる
ピスタチオ —— 少々
》ローストして粗く刻んでおく

■作り方
1 バゲットは4mm厚さにカットし、軽く焼いておく。
2 生クリームは泡立て、ほぐしたフォアグラパテに混ぜる。ブランデーを加えてひと混ぜする。
3 スプーンで2をすくい、バゲットにのせ、ピスタチオとポワブルロゼを飾る。
好みでポルチーニ風味の塩をふってもよい。

ヴァンショー

スパイシーショコラショー

ヴァンショー&スパイシーショコラショー

スパイスや甘みを加えた赤ワインは、身体を温めてくれる特別な飲み物。
ショコラショーは禁断のおいしさ。
厳しい寒さのなか来てくださったゲストへの何よりのおもてなし。

Christmas Marché

PARTY DESIGN

ブレッドプディング キャラメルウィスキーソース

ブレッドプディングは、冬にぴったりのお菓子。
表面はカリッと中はしっとりと焼き上げて、
いただく時にキャラメルウィスキーソースをかけます。
ウィスキーがほんのりきいていて大人の味わい。
デザートにもティータイムのおやつとしても喜ばれます。
前日に作って冷蔵庫へ入れておくと表面のパンがしとしとになってしまうので、
できるだけ当日に作ったほうがよいでしょう。

ルグラ　チョコレートクリスピー

ルグラ&チョコレートクリスピー

一つずつ包んだお菓子は、クリスマスデコレーションの一つにもなり、
食べきれなかった分はお土産として持ち帰っていただくのにも好都合。
ルグラはユダヤや東ヨーロッパ由来のもので、ユダヤ教のお祭りハヌカの時に食べる伝統菓子。
年末前後のこの時季しか作らないので、また季節が巡ってきたなと思うものです。
チョコレートクリスピーは軽いお菓子。両方とも日持ちがするので数日前からの用意が可能です。

Christmas Marché

ヴァンショー

■材料 グラス5杯分
赤ワイン（サンライズ）── 750cc
メープルシロップ ── 大さじ4
シナモンスティック ── 1本 》2つに折る
クローブ（ホール）── 5粒
オレンジ ── 1個 》12等分のくし形切り

■作り方
1 すべての材料を鍋に入れ、温める。

●ヴァンショーが残ったら、ドライプラムを入れてプラムが温まるまで火を入れ、冷ましてから瓶に入れて保存。これをフィリングとしてお菓子を作れば、ワンランク上のお菓子が焼ける。そのまま食べてもよいが、無糖のピーナッツバターとこのプラムのオープンサンドは最高のおやつ。

スパイシーショコラショー

■材料 耐熱ミニグラス6杯分
生姜 ── 8g 》皮をむき薄切り
牛乳 ── 380cc
生クリーム ── 120cc
きび砂糖 ── 40g
カルダモン（ホール）── 1粒
ビターチョコレート（カカオ65%）── 90g
ラム酒 ── 好みで

■作り方
1 生姜、牛乳、生クリーム、きび砂糖、カルダモンを一緒に鍋に入れる。ひと煮立ちするまで温めて火から下ろし、蓋をして10分間味をなじませる。
2 チョコレートを細かく刻んで1に加え、ホイッパーでよく混ぜながら溶かす。少し火にかけて溶かしてもよい。
3 茶漉しで漉してでき上がり。ラム酒を注いでもOK。1杯120ccくらいなら、ラム酒大さじ1/2〜を目安に。

●お好みで仕上げに削ったチョコレートをのせてもよい。

ブレッドプディング

■材料 直径22cm型 1台分
バゲット ── 1本 》両端を落として、
　2cm厚さにスライスする（約270g）
無塩バター ── 30g 》やわらかくして
　バゲットの片面に塗る
ドライクランベリー ── 35g
ウィスキー ── 大さじ4
卵 ── 2個
ブラウンシュガー ── 120g
牛乳 ── 320cc
生クリーム（脂肪分35%）── 150cc
ヴァニラエクストラ ── 大さじ1/2
A｜ブラウンシュガー ── 小さじ2
　｜シナモンパウダー ── 小さじ2/3
　　》混ぜ合わせておく

■作り方
1 クランベリーをウィスキーに浸して15分くらいおく（一晩おいてもよい）。
2 バターを塗ったバゲットを、180℃のオーブンで10分、途中でトレイを回転させてむらのないように焼く。
3 2が冷めたら1.5〜2cm角に切り、型に入れる。
4 卵、ブラウンシュガー、牛乳、生クリーム、ヴァニラエクストラを順に入れ、よく混ぜ合わせ、1も混ぜて3に注ぐ。パンの頭がちょっと出ているくらいがちょうどよい。15分おく。
5 Aを全体にかけ、180℃のオーブンで25分焼き、回転させて10分焼き冷ます。表面はカリカリ、中はしっとりと仕上がる。

キャラメルウィスキーソース

■材料 120cc分
グラニュー糖 ── 150g
水 ── 40cc
無塩バター ── 15g 》4～5片くらいに小さくカットしておく
クリームチーズ ── 20g 》バターと同じ大きさにカットしておく
ウィスキー ── 大さじ3
牛乳 ── 大さじ2

■作り方
1 グラニュー糖と水を小さめのソースパンに入れ、中火でグラニュー糖が溶けるまでスプーンで混ぜながら煮る。
2 そのまま、茶色く色付くまで火にかけ、色付き始めたら火から下ろし、濡れぶきんの上にのせてクリームチーズとバターを入れて、ホイッパーで混ぜる（熱いキャラメルが飛び散ることもあるので注意）。
3 少し冷ましてからウィスキーと牛乳を入れてよく混ぜる。

■仕上げ
ブレッドプディングの上にキャラメルウィスキーソースを回しかけ、好みの大きさに切ってサーブする。

ルグラ

■材料 24個分
＜生地＞
無塩バター ── 110g 》1cm角に刻んで冷やしておく
クリームチーズ ── 110g 》1cm角に刻んで冷やしておく。クリームチーズは刻んでも、お互いにくっついてしまうのでざっくり切ればOK
薄力粉 ── 140g
塩 ── 小さじ1/8

＜フィリング＞
A｜アプリコットジャム ── 約60g
　｜アマレットまたはラム酒 ── 少々
　　》合わせて塗りやすい濃度にしておく
チョコチップ ── 約50g
プルーン ── 5粒くらい 》1粒を4～5片にカットしておく
卵白 ── 1個分
ざらめ ── 適量

■作り方
1 生地の材料すべてをフードプロセッサーに入れ、ひとかたまりになるまで回す。回しすぎないように注意。ひとかたまりになったら2等分し、一つずつを円盤形にしてラップで包み、冷蔵庫で一晩休ませる。
2 打ち粉をふった台に生地を一つ取り出し、φ24cm×厚さ3mmくらいのサイズにのばす。パイカッターで12等分にして、Aを薄く塗り、チョコチップとプルーン1切れずつをそれぞれの端にのせ、クロワッサン形に巻いて15分冷蔵庫に入れて固める。作業中に生地が温まらないよう、手早くする。
3 上に卵白を塗り、ざらめを多めにつけ、200℃のオーブンで10分、天板の向きを変えて10分ほど焼く。もう1つの生地も同様に焼く。

●生地が冷えた状態でオーブンに入れて。

チョコレートクリスピー

■材料
流し缶〈11.5×14.5cm〉2台分 24個

無塩バター ── 45g
マシュマロ ── 180g
ココアパウダー ── 60g
ライスクリスピー（ポン菓子）── 40g
フルーツグラノーラ（市販品）── 140g
ドライクランベリー ── 30g

■作り方
1 フッ素樹脂加工の鍋を弱火にかけ、バターとマシュマロを低温で混ぜる。
2 マシュマロが溶けたらココアパウダーを入れよく混ぜて、むらなく混ざったらライスクリスピー、フルーツグラノーラ、ドライクランベリーを入れて素早く混ぜる。
3 流し缶にオーブンペーパーを敷き、2を半分ずつそれぞれの流し缶に詰める。上にもオーブンペーパーをかぶせ、表面がなめらかになるように上から手で押さえて冷蔵庫で30分冷やす。流し缶から出して、それぞれ3.5×3.5cmぐらいの12個にカットする。

●11.5×14.5cmの流し缶を使用したが、密閉容器でもお菓子の型でもOK。でき上がりは厚さ2.5cmほどになる。

Christmas Marché

ローストチキン ガーリックピラフ詰め

ローストチキンはクリスマスはもちろん、季節を問わず
さまざまなパーティのメイン料理としてお出ししています。
見栄えもよいし、おいしいので、老若男女のゲストに好まれます。
ガーリックピラフを詰めて鶏から出る旨味をたっぷり吸い込ませます。

ローストチキン ガーリックピラフ詰め

■材料
- 丸鶏 —— 1羽（1.2kgくらいのもの）
- レモン —— 1個
- 塩・こしょう・オリーブオイル —— 各適量
- タイム —— 1/2パック
- A 焼くときに天板に敷く野菜 » にんじん1本、たまねぎ1個、セロリ1本などを6mm厚さを目安に適当な大きさに切っておく

ガーリックピラフ
- 米 —— 180cc
- B
  - たまねぎ —— 1/8個
  - 赤パプリカ —— 1/2個
  - ズッキーニ —— 1/2個 » 野菜はすべて粗みじん切り
  - にんにく —— 小1片 » みじん切り
- 無塩バター —— 40g
- チキンスープ —— 200cc » 市販の固形スープを水に溶かし、熱くしておく
- 塩・こしょう —— 各少々
- ローリエ —— 1枚
- タイム —— 1枝

■作り方

1 できれば前日までに、鶏は、皮目に包丁の先で穴をあけ、レモンの果肉を内側、外側によくすりつける。多めの塩・こしょうを外側にすりこみ、オリーブオイルも塗っておく（好みでにんにくのおろしたものもすりこむ）。軽くラップをかけ、冷蔵庫で休ませておく。時間がなければ当日でもOK。

2 ガーリックピラフを作る。米は洗ってざるに上げ、水気を切っておく。バターでBをさっと炒めたら、米を加えてバターが全体にまわるまで炒め、熱いチキンスープ、塩・こしょう、ローリエとタイム1枝を加え、蓋をして弱火で7〜8分、水分がなくなるまで炊く。焦がさないよう注意。これで固めのピラフができる。タイムとローリエを取り除き、冷ましておく。

3 1を常温にもどし、にじみ出た余分な水分は外側も内側もペーパーで拭き取っておく。おなかに冷ましたピラフをぎゅうぎゅうに詰め（a、b）、串で縫うようにとめ（c、d）、両足をタコ糸で結び（e）手羽の先をももではさむ。手羽も広がらないように、両側から串でとめておく（f）。

4 オーブンを230℃に予熱しておく。天板にAを敷き、その上に鶏をのせ、オリーブオイル適量（分量外）を鶏にかけ、タイム1/2パックをのせて（g）30〜40分焼く。200℃に下げて20分焼く。途中で何度か鶏から出た肉汁をすくって鶏にかけながら焼く。

5 焼き上がったら、そのまま10分オーブンの中に置いておき、その後、サービングボードまたはお皿へ盛りつける。焼き時間は鶏の大きさにもよるので、皮目においしそうな色がつくまでを目安にする。

付け合わせの紫たまねぎ
オーブンの天板の脇に紫たまねぎも入れて焼き、付け合わせにする。たまねぎ本来の甘みを楽しみたいから、食べる時に塩・こしょうするだけにしてシンプルに。
紫たまねぎの外側の薄皮のよごれているところだけを取り除き、芯は包丁の刃先でくりぬいておく。皮をつけたまま丸ごと鶏肉と一緒に天板にのせて焼く。

ローストチキンをさばく
- h 足を結んでいたタコ糸を切る
- i ももを広げて、関節部分を探してはずす
- j 手羽も同じく関節部分を探してはずす
- k 胸骨にそってナイフを入れる
- l 骨にそってナイフを入れ、胸肉をはずす

Christmas Marché

食器ではないアイテムを使う

ヨーロッパのクリスマス・マルシェがイメージなので、お料理をのせる器は、本来の使用目的にはこだわらず「アンティークテイストのあるもの」という条件で集めました。というわけで、使ったのはガーデニング雑貨です。木製の入れ物や小さなアルミの2段トレイなどは、もともとガーデン小物を入れたり、アートフラワーのアレンジに使う花器なのでしょう。素材はアルミや木、ステンレスとさまざまですが、ニュアンスを合わせれば違和感なく収まります。料理をのせるもの＝お皿という考え方をはずすと、いくらでもオリジナリティのあるテーブルが作れるという例です。もちろん、衛生面は考慮して、直接置けないものにはラップで覆うなどの工夫が必要です。

また、今回のテーブルは一方から見るのではなく、360度どこから見ても美しく見えるテーブルになっています。立体的に作ることによって、ボリューム感のあるテーブルができるので、黒くペイントした桐板やアクリル板を使って高低差をつけます。

花器代わりに使ったポメリー社のシャンパンクーラーと、大理石の板が全体にほどよい重厚感を出しています。

アンティークのシルバーのコンポートに青い姫りんごを盛る。

1 黒くペイントした桐板を使って高低差をつける。桐板は既製品で、濃い茶色のものに、黒のスプレーで着色。桐の板のサイズは2種。
20×10×5cm　20×20×1.5cm
／ホームセンター ユニディー狛江店

2 ラッピングしたチョコレートクリスピーをのせたアルミの小さなコンポート φ17×h9cm　FLOWERSのロゴ入りの木製の入れ物　φ30×h5cm φ25×h4.5cm。フラワー関係、ガーデニング関連の資材も面白く使える。
／東京堂
3 シャンパーニュで有名なポメリー社のワインクーラーにもみを活ける。右のアルミの2段トレイφ21.5×h11cm　PANCOW BOTANY KOMAZAWA

4 p68の手作りウェディングのパーティでも使ったアクリル板。メニューカードの上に重石代わりにのせたり、高低差をつけたりするためにいくつかサイズ違いを持っていると便利。

5 大理石の板「パイでも作るときに使って」と友人が置いていった大理石。重かったので、数年間そのままにしておいたものをいくつかにカットしてもらい、日の目をみることに。一つは、塊の肉をサーブするとき用。これに、チキンや骨付きハムをのせてサーブすると見ばえがよい。残りの大理石は、細く切ってアペリティフのフードを置くのに使う。普通の皿に盛るよりゴージャス感が出るのは、石の持つ素材感と厚みのおかげ。

6 黒い耐熱皿（バンプディングに使用）φ26×h6cm ／ Regás（レガス）カスエラ ブラック

●ガラス皿（p100柿といちじく、クレソンのサラダに使用）φ32cm ／ Nachtmann（ナハトマン）ルンバ　存在感のある美しいガラス皿は、何を盛ってもテーブルに華を添えてくれる。盛り皿としても、銘々の位置皿として着席スタイルで使用することもある。大きさのわりには重さがそれほどでもなく、存在感があって使いやすい。

●ガラスのジャグ（p101ヴァンショー＆スパイシーショコラショーに使用）

φ12×h17.5cm　φ11×h12cm ／ SEMPRE AOYAMA
多少重さのあるジャグは、安定感があって安心。
ハンドメイドの温かみのあるガラスが、今回のテーブルに似合う。

Happy Trigger

「新年を祝うハッピー・トリガー」

新年は、ピンクや赤を主体にしたテーブルセッティングとメニューで、
よりよい年を迎える「開運パーティ」はいかがでしょう?
ラブリーになりがちな色ですが、黒で引き締め、
カラーコントラストの強い、大人のテーブルを作ります。

Happy Trigger

Theme

新年の喜びを色で表現する、そんなパーティを考えました。
お料理はピンクから赤のグラデーションでまとめ、
食器は黒で引き締めます。
まずはロゼシャンパーニュかスパークリングワインで
ニューイヤーの乾杯を。
この後は、ストロベリー・カクテルのアペリティフ、
蟹サラダのディップ、ビーツとりんごのサラダを
前菜として楽しんでいただき、
メインはラム、そしてデザートはパヴロヴァ
という流れでお出しします。

Menu

あまおうのストロベリー・カクテル
紅芯大根と蟹サラダのディップ
ビーツとりんごのサラダ
焼きトレビスとラムラック
メレンゲのパヴロヴァ

お料理もすべてピンクや赤の素材でまとめて、サプライズを盛り込みます。いちごの甘酸っぱさを生かしたフレッシュなカクテルはできるだけ作りたてを。蟹サラダのディップ、前日に作って全体がきれいなピンクになったビーツとりんごのサラダはオードブル代わり。カリッと焼いたラムはちょっと苦みのあるトレビスと好相性。デザートは、既製のメレンゲにフルーツと生クリームをトッピングして。

新年は大人ピンクが印象的なテーブルで
おめでとうの集いを

Time Schedule

〈前日までに〉
ビーツとりんごのサラダを作る
バルサミコを煮詰めておく
ラムチョップはマリネしておく

〈当日〉
あまおうのカクテルを作る
蟹サラダのディップを作り、野菜をカットする
ラムとトレビスを焼く
生クリームをホイップして、パヴロヴァに
フルーツとともに飾る

Happy Trigger

■材料 400cc分
あまおう（おいしいいちごなら他の種類でも）……1パック（300gくらい）
レモン汁……1個分
メープルシロップ……大さじ2〜
ウォッカ（好みで）……適量

■作り方
1 いちごは洗って水気を切り、へたを取って、レモン汁、メープルシロップを加えてミキサー（ブレンダー）で混ぜる。冷蔵庫でよく冷やしておく。
2 ウォッカを好みで適量加える。

小さなカクテルグラスがぴったり。細長い黒いガラス皿をトレイのように使っていちごを散らして盛りつける。添えるウォッカは、ぜひ可愛い小瓶を。

あまおうのストロベリー・カクテル

季節のいちごをたっぷり使って、贅沢なカクテルを作ります。
ミキサーやブレンダーでなめらかにし、小さなグラスに入れて出せば、
パーティの始まりにふさわしいスターターに。
あまおうは適度な酸味があってこのカクテルにはよく合います。
なるべくおいしいいちごを選んで作り、お酒を飲まない方にはそのままで、
お好きな方には各自ウォッカを入れて召し上がっていただきます。
注ぎやすい、小瓶のウォッカを添えるとスマート。

紅芯大根と蟹サラダのディップ

この蟹サラダディップは、うちのケータリングの定番で、人気の一品です。
ディップする野菜はセロリやアンディーブでも。また、バゲットにのせてもおいしい。
今回はピンクがテーマなので、紅芯大根とラディッシュを添えて。

■材料 5～6人分
ずわい蟹の身 —— 80g ≫ 軟骨を丁寧にとり除く
セロリ —— 25g ≫ みじん切り→水にさらす→水気を切る
レモン汁 —— 大さじ1/2
たまねぎ —— 15g ≫ みじん切り→水にさらす→水気を切る
マヨネーズ（ベストフーズ）—— 大さじ2～3
塩・こしょう —— 各適量
紅芯大根 —— 2個 ≫ スライサーで薄く輪切り
かぶ —— 2個 ≫ 8等分のくし形切り
ラディッシュ —— 5～6個

■作り方
1 材料をすべて混ぜ合わせる。味をみて、塩・こしょうで調整する。
2 器に飾り野菜とともに盛る。

●冷凍の蟹の身を解凍して使う時には、小鍋に移してから煎りし、白ワイン少々を入れ一度加熱し、冷やしてから他の材料と混ぜるとよい。前日ディップを作る場合は、当日必ず味を確認すること。塩気が必要なら足す。

Happy Trigger

ビーツとりんごのサラダ

ビーツの色でりんごもピンクに染まり、とても美しくおいしいサラダになります。
前日に作ったほうが味や色合いがなじみます。
食べる増血剤といわれるビーツの一番おいしい食べ方はこれです。

■材料 6〜8人分
ビーツ —— 中1個
りんご (ふじ) —— 1個
ひまわりの種 —— 20g

ドレッシング
A
　メープルシロップ —— 90cc
　シェリービネガー —— 60cc
　オリーブオイル —— 60cc
　にんにく —— 小さじ1/4
　　» みじん切り
　塩、こしょう —— 各適量
ベビーリーフ、ルッコラ —— 各適量

■作り方
1 オーブンは200℃に予熱しておく。ビーツを丸ごとホイルで包み、オーブンで焼く。ナイフで刺してみて、すっと刃が入ればOK。ビーツの大きさにもよるが、60分くらいじっくり火を通す。温かいうちにナイフで皮をむき、2〜3cmの角切りにする。
2 ひまわりの種は少し色づくまでフライパンでローストしておく。
3 りんごはビーツと同じくらいの大きさにカットして、1と合わせ、Aの材料を混ぜて和える。塩は少ししっかりめに。ここまで前日に用意。
4 食べる直前にベビーリーフなどの葉ものと一緒に盛りつけ、ひまわりの種を散らす。

焼きトレビスとラムラック

ラムラックを焼いた一品は、
簡単で高級感のあるメイン料理。
ちょっと苦みのある紫のトレビスを
付け合わせにすると好相性。

メレンゲのパヴロヴァ

有名なバレリーナのアンナ・パヴロヴァにちなんだ名前の
軽やかなデザート。市販のメレンゲを使った、
クイックデザートです。
なるべくサーブする直前に作りたい。

焼きトレビスとラムラック

■材料 3人分
ラムチョップ（フレンチカット）──6本
マリネ液
A │ オリーブオイル──60cc
　│ にんにく──3〜4片分 ≫ たたいてつぶす
　│ 塩・こしょう──各適量
トレビス──1個 ≫ 縦6つにカット
バルサミコ酢──1本（500cc）

■作り方
1 ソースを作る。バルサミコ酢を鍋に入れ、焦がさないよう気をつけて、1/3〜1/4量になるまで約1時間、弱火で煮詰める。
2 ラムチョップはAでマリネして、冷蔵庫で一晩漬けておく。
3 室温にもどしたラムチョップとトレビスを、中火にかけたグリルパンにオリーブオイル（分量外）を入れてこんがりと焼く。皿に盛り、1の濃縮バルサミコ酢をかける。

メレンゲのパヴロヴァ

■材料 10個分
市販のメレンゲ
　（今回使ったのは、6cmハート形、
　　オーボンヴュータンのメレンゲ）──10個
生クリーム（脂肪分47％の高脂肪のもの）
　──200cc
グラニュー糖──大さじ1
好みのフルーツ（ベリー類、キウイ、
　チェリーなど）──適量

■作り方
1 生クリームはグラニュー糖を加えてしっかり泡立てる。
2 メレンゲの上に生クリームを絞り、好みのフルーツを飾る。

Happy Trigger

花、ナプキン、小物使いのテクニック

Table Setting

大人ピンクがテーマなので、お料理やテーブルウェアにピンクと赤をたっぷり使い、華やぎを演出します。とはいえ、何から何まで赤系ではなく、食器は各自に黒のプレート、盛り皿は黒ガラスの長皿の長短を使い、全体を引き締めます。テーブルアレンジのポイントはテーブルアクセサリーの効果的な使い方にあります。
花とナプキン、そしてテーブルマットなどの小物をどう使うかを慎重に考えましょう。

パーティというと、テーブルセッティングもお料理も完璧にしようと思うから疲れてしまう。疲れるからもうやらない、という悪循環に陥っていませんか？
テーブルセッティングは、引き算をして考えましょう。テーブルのどこを見せたいのか、何を印象づけたいのか、それを最初に考えることが大事です。ナイフ＆フォークレスト、花、キャンドル、メニューカードなどのテーブルアクセサリーは、置けば置くほど大げさになります。テーブルの上に置くアイテムは、厳選した必要なものだけを選びましょう。
今回は、大人ピンクのテーブルがテーマです。ピンクや赤を印象づけたいので、お花やナプキンにテーマカラーを取り入れます。黒の小さな花器にいろいろな種類のピンクの花を一輪ずつ挿してプレートにのせました。どの花の席に座りたい？など、すでに始まる前からパーティは盛り上がります。
ナプキンは紫がかったピンクの発色のきれいなものを合わせました。ナイフとフォークはナプキンにくるみ、ナプキンリングでまとめます。ナイフ＆フォークレストを使わずに、コンパクトでカジュアルに。
もう一つのアイデアは、シルバーのテーブルマットを何枚かテーブルの中央に並べて、テーブルランナーのように使ったところ。パーティのテーブルはどこかキラッとしたところがほしいのですが、このマットが華やかさを添えてくれます。
反対に食器類は、大人ピンクを印象づけるために黒でまとめます。このプレートは光沢があり、リムのないところが使い勝手がよく気に入っています。盛り皿は、長方形の黒いガラス皿の長短を使用。
この長方形の皿はとても便利。ストロベリー・カクテルをのせれば、トレー代わりになり、もちろん盛り皿としても使いやすい。ビーツとりんごのサラダやメインのラムラックなどは、丸皿だと盛りつけにくいですが、長方形の皿だと並べるだけで様になります。着席の場合、盛り皿を並べるセンターのスペースは案外狭いもの。その点でもスリムな長方形の皿は優秀です

食事の際は、一輪挿しを集めて一か所にまとめておきます。集合体がひとつのアレンジメントのように見えてきれいです。ユニークなフォルムの一輪挿しや小ぶりのグラスは、花を挿すだけで形になります。テクニックいらずのアレンジメント方法です。

●黒丸皿 φ27cm／IKEA
2016年4月販売終了。リムがなく艶のある黒丸皿。シンプルなので、洋食はもちろんのこと、巻き寿司など、和食の取り皿としても大活躍。

●スナップグラス（ストロベリー・カクテルを入れたグラス）／IKEA
ショットグラスとして、カクテルや一口スープにもよいし、ナッツを入れたり、シーフードのマリネを入れてピックを添えたりと、手頃なサイズ感はアペリティフ用に万能。ケータリングでの出番も多いアイテム。

●フラットシャンパングラス／アンティーク
女性がぐっと顔を傾けなくてもシャンパンが飲めるということで昔流行ったエレガントなフラットシャンパングラス。表面積が広いので、ディップを入れて、野菜のクリュディテを盛ったり、デザート、フルーツに使うと華やかさが倍増。

●ガラス皿 φ15cm／サンバ Nachtmann
デザート皿としても、IKEAの黒丸皿と組み合わせて前菜の皿としても、サイズ感、デザインともに優秀な小皿。

●黒長皿長短L46.5×18cm LL 61.5×18cm POLKAレクタンギュラーL、LL マチュリテ 着席の場合、盛り皿を置くスペースは案外狭いので長方形は便利。コロッケなど丸いものを丸皿に素敵に盛るのは難しいが、長皿に並べると、おさまりがよい。

透明のグラス（ガラスの器）はトルコのチャイ用のカップ＆ソーサー／Madu

シルバーのテーブルマットは扱いが楽。／チルウィッチ
ナプキンは発色が美しいフランス製。／アレクサンドル　チュルポー ASAHEI

SEMINAR最終回のパーティ　左からCoral、Reunion des Paris、Mimosa、African Eveningがテーマ。

Party Scene from PARTY SEMINAR
パーティセミナー

左からHommage to C.、Quatre Epices、Quatre Personnes、Mediterranean Evening

左からLuxurious Winter Resort、Christmas Dip & Spread、大人の花見

左から、五大陸、上海の熱い夜、大人の秋のピクニック、百花繚乱のテーマで。

PARTY SEMINARでは、メニューの立て方、食器やリネン、テーブルの作り方などについて、9回に分けてお話ししています。
最終回は、参加者が分担して一つのテーブルを作り、ゲストをお呼びします。
テーマの設定からみんなでアイデアを出し、作り上げていくテーブルは、それぞれが個性的。
料理、並べ方、サービスまで、実際に体験をすることは、新しい気づきにつながるので、最終回のパーティは大切だと考えています。

左から、Morocco、お正月、blossom

左から、Citrus & Herb、お釈迦様のお祭り、和心のおもてなし、Deep Forest

あると便利な小物

1. **サーブ用ナイフ&フォーク**／ホールチキンや塊のハム、肉類はできればテーブルで格好よく切ってサーブしたい。そんなシーンで活躍のサーブ用ナイフ&フォーク。手頃なお値段のわりに、機能性もよくて◎／PANCOW BOTANY KOMAZAWA
2. **ミニスプーン**／塩、マスタードなどに添えるミニスプーンの出番は多い。小物に、ちゃんと気を配るかどうかが全体のイメージに大きく影響することもあるので注意したい。水牛のミニスプーン2種、アンティークのミニスプーン。
3. **ケーキ用ナイフ&サーバー**／ケーキ作りが得意な方は、専用ナイフとサーバーは必需品。パリにて購入。
4. **サーバースプーン**／ピラフを取り分けたり、ソースをすくったり、なにかと便利なサーバースプーン。昔から持っていて、どこのブランドなのかは不明。
5. **取り箸**／取り箸も案外目立つ存在なので、気に入ったものを見つけたら購入する。銘々箸、取り箸など使いやすくてシンプルなデザインのものを選んでいる。
6. **ミニ皿 L 17×5.5cm M 14×4.6cm**／ディップを入れたり、ピックのフィンガーフードの受け皿として使用。濃厚なレバーパテなどを詰めて、バゲットを添えてもいいし、小ぶりのおしぼりをのせる皿としても活用。／DULTON
7. **キャンドルディッパー**／キャンドルの炎を蝋に浸して消すキャンドルディッパー。吹き消すと煙が出るけれど、これなら煙も立たずに消せる。／Wickman
8. **チェキ**／パーティ参加者を撮影して、その場でスナップを壁に。先に帰ってしまって会えなかった人を、スナップで確認、チェキはパーティを盛り上げる優れもの。チェキ／富士フイルム株式会社

パーティのときに、こういう小物があると便利だなと思い、愛用しているものをご紹介します。
だいぶ前に購入したものは、今はそのお店にあるかどうかわかりませんが、こういうアイテムという参考になれば……。

1. サーブ用ナイフ／用途は今ひとつわからないけれど、フォルムがユニークなチーズナイフたち。／LAGUIOLE
2. ピッチャー L h18.5cm S h11.5cm／ワインパーティでは、ワイングラスと水のグラス、一人に2つは必要。水は、自由に飲めるように、ピッチャーに入れておくのがいつものスタイル。／Madu
3. 箸置き／可愛い箸置きはよく目にするけれど、ガラスに箔押しのシンプルな箸置きは邪魔にならず出番が多い。／箔一
4. ペーパーナプキン／シンプルなものを見つけたら即購入。魚柄は、毎年行ううさんまパーティ用。／IKEA
5. アンティークフォーク&アンティークナイフ／シンプルなアンティークフォーク、ナイフ、スプーンは、どんなスタイルのテーブルにも万能。ナイフ／マムール目黒
6. BAR グッズ／左は、飲みかけのシャンパンに使うキャップ。メジャーカップは、カクテルだけでなく、希釈するソフトドリンクにも使えて便利。各種マドラーもあると便利。
7. リネン（ナチュラル／ブラック）／大人っぽい雰囲気の鍋敷き、鍋つかみを探そうと思うとなかなか難しいもの。パエリアパンやLODGEの鉄のフライパンをそのままテーブルに出す時には、ナプキンやプレイスマットなどのリネンを活用。
8. どれも稼働率の高いピックたち／左から、和菓子用フォーク、黒文字、のし串、クリスタルピックス。／ミノチヤ・キッチンセンター株式会社

メニューはパターン化するとラク
Wine or Sake?

ワイン飲まない？ 日本酒は？ そんな集まりが実は一番多いかもしれません。
でも、メニューを何にしようかいつも悩む……。
ワイン会、日本酒会はメニューをパターン化してしまうと気楽に開催できます。

ワイン会

◆流れ
1　最初は、お気に入りのパテやチーズから始めて
2　野菜のマリネや小魚のフリットなど、オールシーズンの定番＋季節の素材をここに盛り込む
3　メイン　入手しやすい肉料理。5～6種類のレシピを繰り回す
4　まだまだ食べられそう？という時に簡単に作りたしのできるボリューム系炭水化物
5　デザート

◆パーティの時間帯とメンバーの顔ぶれでコースとボリュームを決定します。
Ex. よく食べ、よく飲むいつものメンバーなら　1（3品）→2（3品）→3＋4→5のフルコース
Ex. ワイン好きの軽めのマダムランチなら　2（3品）→3→5

◆料理の用意をする時間がない場合
1、2はお気に入りの店で買ったものを並べて、3と4だけ準備します。
デザートはゲストにおまかせ、というパターンも。

日本酒会

◆流れ
1　最初は、突き出し的な一品や酢の物などを並べて。定番＋季節のもの
2　野菜（生）や豆腐、和え物、お刺身など、オールシーズンの定番＋季節の素材をここに盛り込みます
3　メイン　煮物、焼き物、揚げ物
4　ご飯、お汁、香の物　ここにも季節感を出したい
5　菓子、果物　定番＋季節のもの

◆こちらも流れを決めて、メニューもあらかじめリストにしておくと便利です。
時間帯とメンバーの顔ぶれでコースとボリュームを調整します。
市販品も上手に利用して、お膳にちょこちょこ並べると楽しいテーブルに。

メニューの基本を作っておくと、そのつど応用すればよいので便利。食器もパターン化しておけば、
悩まず気軽にパーティを楽しめます。手に入りやすい素材を使った料理をリストにすること、これがポイント。
リスト例を参考に、ご自分のメニューリストを作っておきましょう。

PARTY MENU

Wine		Sake
レバーパテ&バゲット サラミ　プロシュート オリーブ　ナッツ チーズ2〜3種 ドライフルーツ	**1** 前菜 突き出し的なもの	もずく 蛸とわかめの酢の物 冷奴 ひじき煮
紫キャベツのピクルス キヌアとケールのサラダ アンディーブと蟹のサラダ ハーブサラダ 白豆のフムス パプリカのマリネ	**2** 野菜／魚　All Season ・ 野菜（生）　豆腐 和え物　お刺身	胡麻豆腐 厚焼き玉子 お刺身 お浸し
野菜のクリュディテとゴデスディップ シーザーサラダ キャロットラペ 帆立のセビーチェ アスパラガスのグリル 小魚のフリット	**2** 野菜／魚　春・夏	鯛の昆布締め うどのきんぴら 筍の直かつお煮 あじ、かつおの刺身 蒸しそらまめ 蕗の薹みそ
カリフラワーのピクルス 芽キャベツのフリット ビーツとりんごのサラダ 根野菜のグリル ポタージュ	**2** 野菜／魚　秋・冬	さんまの炭火焼 なす田楽 揚げだし豆腐 焼きれんこん 茶碗蒸し
レモンチキン ミートローフ ポークの赤ワイン煮 グリーンカレー グリルドラム	**3** メイン ・ 煮物　焼き物　揚げ物	煮物　天麩羅 焼き鳥 鶏の竜田揚げ 金目鯛の煮つけ おでん
パスタ じゃがいものフリッタータ フライドポテト	**4** 炭水化物 御飯　お汁　香の物	ご飯　お汁 握り寿司　ちらし寿司 赤飯 細巻き　いなり寿司
フルーツ　アイスクリーム デザートワイン&チーズ（スティルトン）	**5** デザート	フルーツ あんみつ

PARTY DIARYの使い方

パーティをブラッシュアップさせるために、PARTY DIARY(パーティ ダイアリー)を記入しましょう。
書いて記録することが大事です。
日時、集合時間、ゲストのお名前、メニュー、使ったリネン、食器、料理の工程表と、
終了後の感想も書けるようなフォーマットを作りました。
飲み物は足りたか？　料理は何が好評？　ボリュームは十分だった？
だいたい何時頃に終わったか？　ドレスコードは？
いただき物やゲストのアレルギーや食べ物の好き嫌いなど、
気づいたことをメモしましょう。
そして「こんなスプーンを揃えておけば」「グラスを少し買い足す」といった
次回に向けてのメモも役立ちます。
同じゲストに、前回好評だった同じ料理を出すのは全然問題ないと思います。
お好きだったと記憶していたので、のような一言を添えられるのも、記録あってこそ。

PARTY DIARY

DATE / TIME / PARTY TITLE		
出席者 ・ドレスコード		
	MENU	**TABLEWARE**
DRINK 1		
DRINK 2		
FOOD 1		
FOOD 2		
FOOD 3		
FOOD 4		
FOOD 5		
FOOD 6		
FOOD 7		
FOOD 8		
FOOD 9		
DESSERT		

その他
(取り皿、カトラリー、リネンなど)

<前日までに>
□ 食器、カトラリー、リネンの用意、スリッパ、掃除、買い物

<当日>

<直前>

<MEMO>

江川晴子（えがわはるこ）

1988年外資系金融企業を退社後、デパートやインテリア業界でフラワーアレンジメントを中心としたディスプレイの修業を積み、1991年独立。NYのNEW SCHOOL Culinary Artsにて、短期Cateringコースを履修、その後NY FOOD SHOWやマンハッタン内にある大小さまざまなケータリングショップに足を運び、ビジネス形態をリサーチするなどして独自のケータリングスタイルのベースを確立する。1998年PARTY DESIGN設立。結婚式、また、高級ファッションブランドの展示会、ショップオープニングなどでケータリングサービスを中心としたパーティプロデュースに携わる(1998〜2017年)。現在、その技術と豊富な経験を活かして、東京・世田谷の自宅でPARTY SEMINAR（パーティ・セミナー）を開講している。このセミナーのテーマは「魅せるテーブルの作り方」。講義のみならず実技も伴う少人数制の講座には全国から受講希望者が絶えない。2016年には日本を楽しむコースもスタート。著書に本書続編の『HOME PARTY 和を楽しむ食卓12か月』(世界文化社)がある。

http://www.partydesign.jp

STAFF

料理・スタイリング	江川晴子(PARTY DESIGN)
撮影	松川真介
デザイン	GRiD（釜内由紀江、石神奈津子）
企画編集・文	博多玲子
協力	山野亜希子　深瀬華江
	菅井久美子　平澤由美
校正	株式会社円水社
編集	川崎阿久里

購入先リスト

本書掲載の器は、すべてが著者私物につき、購入先でも、現在在庫がない商品も含まれています。また、特に購入先記載のない器は、海外で求めたり、昔求めたもの、譲られたものなど、購入先を特定できない器も多くあります。
下記の連絡先は、ほんの一部になりますが、ご参考までに。

◆ ALEXANDRE TURPAULT
（アレクサンドル チュルポー）／ASAHEI
http://www.asaheishop.com
03-3556-6539

◆ チェリーテラス・代官山
http://www.cherryterrace.co.jp
03-3770-8728

◆ fog linen work
http://foglinenwork.com
03-5432-5610

◆ HIGASHIYA
http://www.higashiya.com
03-3538-3230

◆ IN MY BASKET
http://www.inmybasket.net
03-3722-9660

◆ LINEN & DECOR
http://www.linenanddecor.net

◆ M'amour マムール
http://www.m-amour.com
03-3716-1095

◆ maturite（マチュリテ）青山店
http://www.maturite.jp
03-5468-2381

◆ PANCOW BOTANY KOMAZAWA
（パンコウボタニー　駒沢）
http://www.dulton.co.jp
03-5758-7566

◆ Second Spice（セカンドスパイス）京都
075-213-4307

◆ shizen
http://shizen.theshop.jp
03-3746-1334

◆ WINE MARKET PARTY
http://www.partywine.com
03-5424-2580

◆ ツヴィーゼル・ブティック代官山
http://www.zwiesel-kristallglas.jp
03-3770-3553

◆ Sghr（スガハラ）スガハラショップ 青山
http://www.sugahara.com
03-5468-8131

◆ アクリルショップ　はざいや
https://www.hazaiya.co.jp

◆ ホームセンター　ユニディ狛江店
http://www.uniliv.co.jp
03-5438-5511

◆ ベガ テキスタイル
http://vegatex.com
03-5625-9386

◆ ミノチヤ・キッチンセンター
http://www.mkcj.co.jp
03-3843-0011

◆ 島安汎工芸製作所
http://www.uruwashi-urushi.com
073-482-3361

◆ 富士フイルム株式会社　チェキ
http://instax.jp
050-3786-1640

◆ 私の部屋リビング　自由が丘店
http://www.watashinoheya.co.jp
03-3724-8021

HOME PARTY ホームパーティ
料理と器と季節の演出
「ケータリングのプロが教える」

発行日	2016年6月20日　初版第1刷発行
	2020年3月10日　第4刷発行
著　者	江川晴子
発行者	竹間勉
発　行	株式会社世界文化社
	〒102-8187 東京都千代田区九段北4-2-29
	編集部 電話 03(3262)5118
	販売部 電話 03(3262)5115
印刷・製本	共同印刷株式会社

©Haruko Egawa,2016.Printed in Japan
ISBN 978-4-418-16323-6

無断転載・複写を禁じます。
定価はカバーに表示してあります。
落丁・乱丁のある場合はお取り替えいたします。